ALEXANDER HERRMANN

KÜCHENHELDEN

Kochspaß für Kinder

Vorwort

» ... und mit Essen spielt man DOCH!« – Das ist mein Motto, wenn es ums Kochen mit Kindern geht. Nach Herzenslust probieren, anfassen und experimentieren sollen sie, die kleinen Küchenhelden ... So erleben auch die Kleinsten spielerisch ihre ersten Kochabenteuer, und die ganze Familie ist zusammen aktiv. Kochen und dabei gemeinsame Zeit verbringen – eine tolle Synergie, gerade wenn diese im Alltag oft auf der Strecke bleibt!

Mithelfen ist daher ein wichtiger Baustein der Gerichte in diesem Buch: Mit einfachen Handgriffen, die richtig Spaß machen, können Kids kreativ sein und ins Geschehen eingreifen, um dann stolz ihr Werk zu bewundern und aufzuessen – Lob der Eltern inklusive! Ein unschlagbarer Kick fürs Selbstbewusstsein, nicht nur in der Küche.

Der zweite Baustein ist das Anrichten, denn mit etwas Fantasie lässt sich im Handumdrehen eine kindgerechte Präsentation zaubern, die »normale« Speisen zum Abenteuer auf dem Teller macht. So wird zum Beispiel aus der Hähnchenbrust »Piratengold«, aus dem Pfannkuchen ein »Apfelfrisbee«. Für diese Extra-Kniffe habe ich mir einen »Komplizen« an den Herd geholt: den Genuss-Sheriff. Für die Kids wird er zum kuscheligen Kochgefährten, der die tollsten Ideen hat, wie man ein Gericht bunter, witziger und aufregender gestaltet. Natürlich »hilft« der Genuss-Sheriff auch kräftig am Herd mit – in diesem Rollenspiel nähern sich gerade die Kleinsten mit viel Vergnügen dem Thema Kochen an.

Die wichtigste Basis aller Gerichte jedoch ist die frische Zubereitung und das Arbeiten mit ausschließlich natürlichen Zutaten. Gerade in Zeiten, in denen Fast und Convenience Food leider schon zur Regel geworden sind, möchte ich zeigen, dass man mit relativ geringem Aufwand und vor allem viel gemeinsamem Spaß beim Kochen attraktive und dabei gesunde Kindergerichte kreieren kann. Einfach ausprobieren!

Viel Vergnügen beim nächsten Kochabenteuer!

Ihr Alexander Herrmann

Paul

Mit Liebe, Sorgfalt und einem kleinen Tafelmesser schneidet der Sechsjährige Paprika und Möhren. Gurken schält Alexander Herrmanns Sohn bereits wie ein Profi. Talent zeigt der kleine Küchenheld aber nicht nur beim Kochen, sondern vor allem auch beim Schlagzeug spielen. Sein Lieblingsgericht: die Krake.

Alexander Herrmann

In seinem Gourmet-Restaurant spielen auch kleine Gäste eine große Rolle. Und das gemeinsame Essen mit der Familie ist für den zweifachen Vater ein wichtiges Ritual, für das er sich trotz Restaurant- und Fernsehverpflichtungen Zeit nimmt. Für dieses Buch hat sich der beliebte Sternekoch 30 Mitmach-Rezepte ausgedacht – zum gemeinsamen Kochen und Genießen.

Sarah

Die Vierjährige sorgt für weibliche Unterstützung im Küchenhelden-Team. Seit sie Gurken selbst schälen kann, isst sie sie auch gern. Mit einem eigenen Schneebesen rührt sie zu Hause im Nu Pfannkuchenteig. Mit ihren Küchenkenntnissen beeindruckt sie sogar die große Schwester. Ihr Lieblingsgericht: Kratzeis.

Der Genuss-Sheriff

Er weiß, was Kindern schmeckt und sogar, wie es noch besser schmeckt. Der freche Küchenheld nascht von allem gern. Deshalb kennt er sich auch gut aus. Kleinen Köchen verrät er Tipps und Tricks. Und Küchengeheimnisse plaudert er munter aus – damit jedes Rezept perfekt gelingt. Sein Lieblingsgericht: alles!

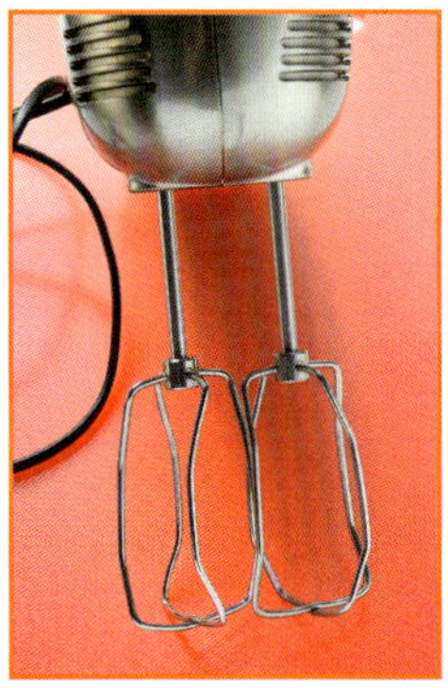

Kleine Gebrauchsanweisung

Dieses Kochbuch ist für Kinder von 3 bis 7 Jahren. In diesem Alter denken Kinder noch nicht in Kategorien wie Vorspeise, Hauptgang oder Dessert – wie es in vielen Kochbüchern üblich ist. Deshalb wird hier das Essen eingeteilt in Gerichte und Zutaten, die Kinder gut kennen und gerne mögen: z. B. Schnitzel, Nudeln oder Pfannkuchen. Für jede dieser kindgemäßen Kategorien gibt es wiederum drei Rezepte, die sich rasch zu Lieblingsgerichten entwickeln können. Alle Zutaten werden frisch und mit Liebe zubereitet, die Kinder dürfen mithelfen. Ein besonderer Tippgeber ist der Genuss-Sheriff. Er weiß, wie sich Zucchinischnitzel und Tomatensalat in eine Rakete verwandeln oder wie aus Würsteln, Sauerkraut und Kartoffelpüree eine lustige Krake entsteht. Und als zusätzliches Plus gibt es für jedes Rezept auch eine Variante für Erwachsene: So wird aus einem mild-würzigen Lagerfeuer für die Kleinen z. B. ein aromatisches Wok-Gericht für große Genießer.

Tipp

Binden Sie Ihr Kind in die Auswahl des Essens ein. Ihr Kind darf bestimmen, was gemeinsam gekocht werden soll. Bieten Sie ihm Alternativen. Fragen Sie z. B.: »Hast Du heute Hunger auf Schnitzel, Kartoffeln oder Nudeln?« Wenn es sich entschieden hat, stehen drei Rezepte zur Auswahl, bei Kartoffeln z. B. Kartoffelschiffe, Miniklöße mit Gemüsekonfetti oder Raupe. Ihr Kind wird sich freuen, dass seine Stimme zählt.

Die Rezepte

Knuspercannelloni

Schinken im Brotteig

1

2
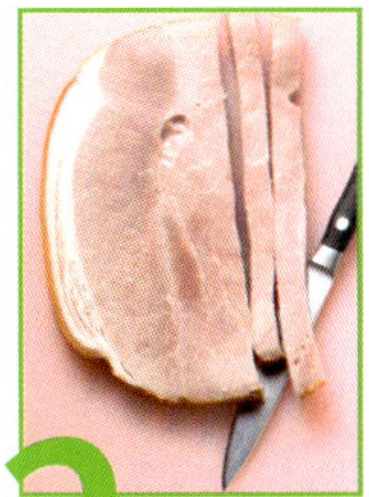

3

Soll das
Brot wirklich alt sein?
Unbedingt, sagt Alex. Weil fri-
sche Brotscheiben leicht zerrei-
ßen würden, wenn man sie um den
Schinken wickelt. Ich will ihm das
mal glauben. Schließlich ist
Alex ja auch schon ganz
schön alt.

5

6

7

9

Zutaten für 8–10 Knuspercannelloni

Für die Cannelloni

1 1 Stück altbackenes Sauerteigbrot (ca. 140 g, 1 dickere Scheibe)

2 2 große Scheiben gekochter Schinken (ca. 1 cm dick)

3 1 EL weiche Butter

4 1 EL Butterschmalz

Für den Dip

5 100 g Magerquark

6 1–2 EL Zitronensaft

7 1 Schuss Milch nach Belieben

8 Salz

Werkzeuge

9 Aufschnittmaschine oder sehr scharfes langes Messer

10 Küchenkrepppapier

11 Kochmesser

12 Zahnstocher (nach Belieben)

Zubereitungszeit

25 Min.

1 Das altbackene Brot auf einer Aufschnittmaschine oder mit einem langen, scharfen Messer ganz dünn aufschneiden. Kleiner Tipp: Das Brot vorher 1–1 1/2 Std. im Tiefkühlfach einfrieren, dann lässt es sich ganz einfach in hauchdünne Scheiben schneiden. Die Brotscheiben auf einem Schneidbrett nebeneinander ausbreiten.

2 Den Schinken in fingerdicke Streifen schneiden. Wer die Fettschicht nicht mag, schneidet sie vorher ab.

3 Die Brotscheiben jeweils an einem Ende ganz dünn mit etwas Butter bestreichen. Die dicken Schinkenstreifen an das andere Ende der Brotscheibe legen. Nun die Scheibe um den Schinken herum aufrollen, sodass Röllchen (Cannelloni) entstehen. Der Schinken darf aus dem Brot herausschauen. Röllchen – falls nötig – mit Zahnstochern fixieren.

4 In einer beschichteten Pfanne wenig Butterschmalz erhitzen. Die Brot-Cannelloni portionsweise mit der »Naht« nach unten in die Pfanne legen. Bei mittlerer Hitze in 3–4 Min. braten, sodass sich diese Seite etwas festigt. Brot-Cannelloni dann wenden und langsam von allen Seiten knusprig braun braten. Cannelloni jeweils auf Küchenpapier abtropfen lassen. Sie dürfen etwas abkühlen.

5 Wenn alle Cannelloni gebraten sind, den Quark mit 1 EL Zitronensaft, etwas Milch sowie 1 Prise Salz anrühren und abschmecken. Wie's jetzt weitergeht, sagt Alexander Herrmann auf der rechten Seite.

Den Schinken in fingerdicke Streifen schneiden. Wer will, schneidet die Fettschicht vorher ab.

Die Brotscheiben an einem Ende mit etwas Butter bestreichen.

Schinkenstreifen auf das ungebutterte Ende der Brote legen, dann die Scheiben aufrollen.

Die Brot-Cannelloni zuerst mit der »Naht« nach unten in die Pfanne geben und auf dieser Seite braun braten. Dann wenden und langsam von allen Seiten knusprig braten.

Für Erwachsene

Die Knuspercannelloni schmecken gut als Snack oder kleine Zwischenmahlzeit. Mit einem Salat der Saison (im Winter Feldsalat, im Sommer Kopfsalat) werden sie zu einer feinen Vorspeise. Wollen Sie das Gericht für mehrere Personen zubereiten? Einfach 30–40 Cannelloni rollen, auf ein Backblech geben und im Ofen bei 160° Umluft von allen Seiten knusprig braun rösten. Allerdings sollten Sie hierfür die Brotscheiben komplett buttern. Als Beilage schmeckt dazu Kartoffelpüree. Perfekt passen die Schinkenröllchen auch als Einlage in eine Suppe. Oder reichen Sie sie als Gag zu einem herzhaften Kartoffeleintopf.

Blume

Brotchips mit Avocado

1

2

3

Alex sagt, Avocados heißen in anderen Ländern auch Butterbirnen. Und ich weiß, warum. Weil sie butterweiches Fruchtfleisch haben, wenn sie schön reif sind. Und dann schmecken sie auch am besten. Ich hab ja eine schlaue Birne!

6

7

8

Zutaten für 1 grosse Blume (2 Portionen)

1 1 Stück altbackenes Sauerteigbrot (ca. 40 g, 1 dickere Scheibe)

2 1 reife, weiche Avocado

3 1–2 EL Zitronensaft

4 Salz

5 1–2 EL Olivenöl (nach Belieben)

6 1–2 Radieschen

7 1 Cocktailtomate

Werkzeuge

8 Kartoffelstampfer oder Gabel

9 Gemüsehobel

Zubereitungszeit

25 Min.

1 Das altbackene Brot auf einer Aufschnittmaschine oder mit einem langen, scharfen Messer ganz dünn aufschneiden. Die Scheiben sollen 2–3 mm dünn oder noch dünner sein. Kleiner Tipp: Das Brot vorher 1–1 1/2 Std. im Tiefkühlfach einfrieren, dann lässt es sich ganz einfach in hauchdünne Scheiben schneiden. Die Brotscheiben auf einem Schneidbrett nebeneinander ausbreiten.

2 Inzwischen den Backofen auf 170° (Umluft 150°) vorheizen. Die Brotscheiben auf den Gitterrost legen und ohne Fettzugabe im heißen Ofen (Mitte) in 8–10 Min. knusprig braun rösten, falls nötig in zwei Portionen. Je dunkler die Brotchips werden, umso herzhafter schmekken sie.

3 Nach dem Backen Brotchips jeweils vorsichtig vom Backgitter nehmen, auf einen Teller geben und beiseitestellen.

4 Die Avocado halbieren und den Kern entfernen. Nun das grüne Fruchtfleisch mit dem Löffel aus der Schale herausschaben oder -löffeln und in eine kleine Schüssel oder Auflaufform geben. Fruchtfleisch sofort mit etwas Zitronensaft beträufeln, damit es sich nicht braun verfärbt.

5 Fruchtfleisch mit 1 Prise Salz würzen und mit dem Kartoffelstampfer oder einer Gabel zu einem Avocadopüree zerdrücken. Nach Belieben noch 1–2 EL Olivenöl untermischen.

6 Die Radieschen waschen, am Stielansatz fassen und mit einem Gemüsehobel in ganz feine Scheiben hobeln oder mit einem Messer in Scheibchen schneiden. Die Cocktailtomate waschen. Wie die Blume entsteht, verrät der Genuss-Sheriff auf der rechten Seite.

Hände her!

Bei diesem Rezept könnt Ihr prima mithelfen: Lasst Euch die Avocado aufschneiden. Nun den Kern rausnehmen und wegwerfen. (Wer will, kann ihn auch einpflanzen). Mit einem Esslöffel das Fruchtfleisch aus den Avocadohälften pulen und in eine Schüssel geben. Das Fruchtfleisch müsst Ihr jetzt sofort mit Zitronensaft beträufeln. Der sorgt dafür, dass sich die Avocadocreme nicht eklig braun verfärbt. Fruchtfleisch mit ein bisschen Salz würzen. Aber Vorsicht! Nicht zuviel draufschütten. Und jetzt alles mit dem Kartoffelstampfer zerdrücken, bis eine schöne, leckere, grüne Creme entsteht.

Habt Ihr das Püree zerstampft? Dann könnt Ihr nun die Blume basteln. Legt dazu die Brotchips so auf einen Teller, dass eine runde Blüte entsteht. Radieschenscheiben in der Mitte auffächern. Das Avocadopüree darauflöffeln. Zum Schluss setzt Ihr eine Cocktailtomate in die Mitte der Blume. Mmhh, da muss ich mir gleich mal ein Blütenblatt rauszupfen und knabbern!

Für Erwachsene

Für größere Esser darf alles ein wenig würziger sein. Servieren Sie Dip und Brotchips als kleine Vorspeise. Für 4 Personen brauchen Sie die doppelte Menge, außerdem noch ein paar Cocktailtomaten zusätzlich sowie 1 Zweig Thymian, 1 Knoblauchzehe und 1 getrocknete Chilischote. Blättchen vom Thymian abstreifen. Knoblauch schälen und hacken. Das Brot in dickere Scheiben schneiden. Etwas Olivenöl in einer Pfanne erhitzen und mit dem Knoblauch und dem Thymian aromatisieren. Die Brotscheiben darin von allen Seiten braun rösten und auf etwas Küchenkrepp abtropfen lassen. Das Avocadopüree zusätzlich mit der zerkrümelten Chilischote herzhaft abschmecken, sodass eine Guacamole daraus wird. Die Cocktailtomaten vierteln und mit Salz würzen. Die warmen Brotcroûtons dick mit der Guacamole bestreichen, mit den Cocktailtomatenstücken belegen und mit schwarzem Pfeffer übermahlen.

Knusper-Turm

Grissini mit Ricotta und Basilikum

1

3

4

5

Hier wird weiche Butter gebraucht, sagt Alex. Weil die sich schneller und schöner verkneten lässt. Deshalb gebe ich Euch hier den wichtigen Tipp: Die Butter früh genug, also ungefähr 1 Std. vorher, aus dem Kühlschrank holen!

6

10

9

8

Zutaten für 1 Knusper-Turm (2 grosse Portionen)

Für die Grissini

1 200 g Mehl (+ Mehl für die Arbeitsfläche)
2 20 g Quark
3 80 g weiche Butter
4 50 g frisch geriebener Parmesan
5 1 EL Olivenöl

Für die Ricottacreme

6 200 g Ricotta
7 Salz

Für das Gemüse

8 1 Stück Salatgurke (ca. 10 cm)
9 1 Möhre

Werkzeuge

10 Nudelholz
11 Lineal nach Belieben
12 Backpapier

Zubereitungszeit

25 Min.
(+ 30 Min. Ruhezeit)

1 Für die Grissini-Bausteine das Mehl, den Quark und die weiche Butter mit dem Parmesan, dem Olivenöl und 8 EL Wasser sehr rasch verkneten und zu einem glatten Teig verarbeiten. Achtung: Wenn der Teig zu warm wird, wird er brandig, d.h. er bröselt nach dem Backen auseinander. Deshalb die Zutaten am besten kurz mit den Knethaken des Handrührgeräts verkneten, dann sehr rasch mit den Händen zu einem glatten Teig kneten. Teig zu einer Kugel formen, glatt drücken und in Klarsichtfolie eingewickelt mindestens 30 Min., besser jedoch 1 Std., im Kühlschrank ruhen lassen.

2 Dann den Backofen auf 200° (Umluft 180°) vorheizen. Etwas Mehl auf die Arbeitsfläche streuen. Den Teig darauf mit dem Nudelholz 1/2 cm dick ausrollen und in ca. 25 gleichmäßig große »Bausteine« schneiden. Jedes Teigstück sollte ca. 5 cm lang und 2 cm breit sein. Ganz genaue Bauherren nehmen das Lineal, um die »Bausteine« auszumessen und zu schneiden.

3 Ein Backblech mit Backpapier belegen. Die Teigstückchen darauflegen und im heißen Backofen (Mitte) in 12–14 Min. knusprig backen. »Bausteine«, aus dem Ofen nehmen, auf einen Teller geben und bei Zimmertemperatur 15 Min. abkühlen lassen.

4 Inzwischen Ricotta mit etwas Salz würzen und glatt rühren. Gurke und Möhre schälen und ebenfalls in »Bausteine« schneiden. D.h. die Gurken- und Möhrenstücke sollten 1/2 cm hoch, 2 cm breit und 5 cm lang sein. Wer kein rohes Gemüse mag, blanchiert die Möhren- und Gurkenstücke 1–2 Min. in kochendem Wasser. Dann in eiskaltem Wasser abschrecken. Wie jetzt der Knusper-Turm gebaut wird, verrät der Genuss-Sheriff auf der rechten Seite.

SuperTipp

Je exakter Ihr die Steine schneidet, desto schöner wird nachher Euer Knusper-Turm. Zunächst rollt Ihr den Teig am besten zu einem Rechteck aus. Die Teigplatte nun mit dem Lineal ausmessen, dann in 2 cm breite Streifen schneiden. Die Streifen anschließend in 5 cm lange »Bausteine« schneiden. !

Für Erwachsene

So werden die Zutaten zu einer feinen italienischen Vorspeise: Den Teig ebenfalls in Stückchen schneiden. Die Stückchen jedoch auf einer bemehlten Arbeitsfläche zu bleistiftdicken Stäbchen, Grissini, rollen. Grissini im vorgeheizten Ofen bei 200° (Umluft 180°) ca. 10 Min. backen. Inzwischen Möhre und Gurke schälen und in dickere Streifen (Sticks) schneiden. Ricottakäse mit etwas Salz, 1–2 TL klein gehackten schwarzen Oliven sowie 1 durchgepressten Knoblauchzehe verrühren. Zusätzlich einige Basilikumblätter in Streifen schneiden und ebenfalls unterrühren. Ricottadip zu Grissini, Möhren- und Gurkenrohkost servieren. Dazu passen außerdem eingelegte italienische Gemüse, z. B. Artischocken oder Paprika, aber auch Parmaschinken-Scheiben oder dünn aufgeschnittene, herzhafte Salami.

Kartoffelschiffe

Ofenkartoffeln mit Quark

1

2

Eigentlich bin ich ja kein großer Salat-Fan. Doch Alex mischt die Blättchen hier mit Schinkenstreifen. Supertrick! So schmeckt das Grünzeug doch gleich richtig gut. Vielleicht werde ich doch noch ein Fan.

4

7

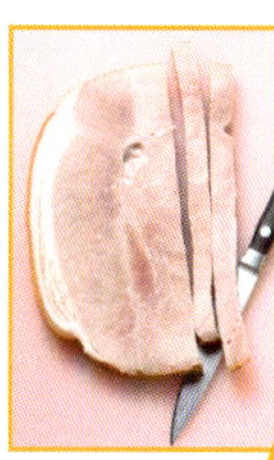

6

5

8

11

12

Zutaten für 4 Kartoffelschiffe

Für die Schiffe

1 4 große, vorwiegend festkochende Kartoffeln

2 2–3 EL Olivenöl

3 Salz

4 1 Zweig Rosmarin

5 1 Knoblauchzehe

6 2 runde Scheiben gekochter Schinken (ca. 1/2 cm dick)

7 1 Kopfsalatherz oder 1/4 Kopfsalat

Für den Quark

8 120 g Magerquark

9 1 Schuss Milch

10 Salz

11 1 EL Gartenkresse

Werkzeuge

12 1 Kugelausstecher

13 Holzspieße

Zubereitungszeit

45 Min.

1 Die Kartoffeln gründlich waschen und – falls nötig – abbürsten. Kartoffeln der Länge nach halbieren. Jede Hälfte in der Mitte mit einem Kugelausstecher aushöhlen, dabei einen Rand von mindestens 1 cm stehen lassen. Ggf. die untere Wölbung der Kartoffelhälfte noch gerade schneiden, sodass die Schiffe gut stehen können.

2 Den Backofen auf 200° (Umluft 180°) vorheizen. Ein Backblech mit etwas Olivenöl bepinseln. Kartoffelhälften innen mit Salz würzen, rundum mit Olivenöl bepinseln und mit der Schnittfläche nach unten auf das Blech geben. Den Rosmarinzweig waschen, die Knoblauchzehe schälen und leicht eindrücken. Rosmarin und Knoblauch zwischen die Kartoffeln mit auf das Blech legen. Kartoffeln im heißen Ofen (Mitte) in ca. 20 Min. weich garen.

3 In der Zwischenzeit 1 Scheibe Schinken für die Segel beiseitelegen, übrigen Schinken in sehr feine Streifen schneiden. Salat putzen, waschen, trocken schleudern oder tupfen und ebenfalls in feine Streifen schneiden.

4 1 EL Olivenöl in einer Pfanne erhitzen. Die Schinkenstreifchen darin bei mittlerer Hitze leicht anbraten. Die Kopfsalatstreifen ganz kurz dazugeben und dann alles sofort auf einen Teller schütten. Mit 1 Prise Salz würzen und beiseitestellen.

5 Den Magerquark mit der Milch cremig rühren, dann etwas Salz und die Gartenkresse unterrühren. Quark abschmecken. Wie's jetzt weitergeht, sagen Alexander Herrmann und der Genuss-Sheriff auf der rechten Seite.

Die gründlich gewaschenen Kartoffeln der Länge nach halbieren.

Mit einem Kugelausstecher lassen sich die Kartoffelhälften am besten aushöhlen.

Die untere Wölbung der Kartoffelhälften gerade schneiden, sodass die späteren Schiffe gut stehen können.

Gewürzte Kartoffelhälften mit der Schnittfläche nach unten auf das Blech geben. Rosmarin und Knoblauch dazwischenlegen.

Jetzt brauchen die Schiffe noch Segel! Dafür die beiseitegelegte Scheibe Schinken über Kreuz in vier Teile schneiden, dann in 3 Streifen. Nun bohre ich Holzspieße durch die Schinken-Segel und stecke sie als Masten in die Mitte der Schiffe. Sind alle Mann an Bord? Dann Schiff ahoi und guten Appetit!

Zum Anrichten verstreiche ich den Kressequark auf einem Teller. Die Kartoffelhälften vorsichtig aus dem Ofen nehmen, umdrehen und die Salat- und Schinkenstreifchen reinfüllen. Nun die Hälften auf den Quark setzen.

Für Erwachsene

Für 4 große Esser mindestens 4 große Kartoffeln waschen, halbieren und mit der Schnittfläche nach unten auf ein mit Öl bepinseltes Backblech setzen. Kartoffelhälften wie die Schiffe mit Rosmarin und Knoblauch im Ofen garen. Die Kartoffeln brauchen allerdings ca. 30–35 Min., da sie nicht ausgehöhlt sind. 500 g Quark mit Milch glatt rühren, außer Kresse noch andere klein gehackte Kräuter unterrühren, z.B. Schnittlauch, Petersilie und im Frühjahr mal Kerbel. Quark nach Belieben noch mit 1 durchgepressten Knoblauchzehe aromatisieren, abschmecken und mit den heißen Kartoffeln aus dem Ofen anrichten. Den geputzten Salat (für die Familie darf's ruhig 1 ganzer Salatkopf sein) mit 1–2 EL weißem Essig und 3–4 EL Öl marinieren. 2 Scheiben Schinken in Streifen schneiden, in einer Pfanne kurz anschwenken und über den Salat streuen. Salat mit den Kartoffeln servieren.

Miniklöße mit Gemüsekonfetti

Gnocchi in Rahmgemüse

1

2

3

Verflixt, ich habe gestern alle Kartoffeln aufgegessen. Alex sagt, dann muss ich heute ran: Also Kartoffeln mit Schale in 20–25 Min. weich kochen. Deckel runter und Kartoffel ausdampfen lassen, dann pellen, zerteilen und im Kühlschrank gut abkühlen lassen.

6

7

12

13

18

19

Zutaten für 2 Portionen

Für das Gemüse

1 1 dicke Möhre
2 1 Stück Knollensellerie
3 1 Zucchino
4 Salz

Für die Sauce

5 1 kleine Zwiebel
6 6 Champignons
7 1 dünne Scheibe Räucherspeck
8 1/2 TL Butterschmalz
9 200 g Sahne
10 2–3 EL Milch
11 Salz

Für die Klösse

12 3 gekochte Kartoffeln vom Vortag
13 1 Eigelb
14 Salz
15 1 TL Kartoffelstärke
16 1/2–1 EL Mehl

Werkzeug

17 Gurkenhobel oder Aufschnittmaschine
18 1 Metall Lochtülle
19 Kartoffelpresse

Zubereitungszeit

1 Std.

1 Für das Gemüsekonfetti Möhre und Sellerie schälen, Zucchino waschen. Gemüsestücke putzen und jeweils mit dem Gurkenhobel, der Aufschnittmaschine oder mit einem langen scharfen Messer längs in sehr dünne Scheiben schneiden. Aus diesen Gemüsescheiben mit der Lochtülle kleine Kreise ausstechen. Salzwasser zum Kochen bringen. Die Konfettikreise darin ca. 5 Sek. blanchieren, d. h. Gemüse ins sprudelnd kochende Wasser geben, einmal aufkochen lassen, herausnehmen und kurz in eiskaltem Wasser abschrecken. Abtropfen lassen und beiseitestellen.

2 Für die Rahmsoße die Zwiebel in sehr kleine Würfel schneiden. Die Champignons mit einem weichen Tuch abreiben und das trockene Stielende jeweils abschneiden. Die Pilze in feine Scheiben schneiden. Speck fein würfeln. Das Butterschmalz in einem kleinen Topf erhitzen. Speck, Zwiebelwürfelchen und Champignons darin anschwitzen. Speck-Pilze mit der Sahne und der Milch ablöschen. Sauce einmal aufkochen und eventuell leicht einköcheln lassen. Sauce aber nicht zu stark reduzieren. Sauce mit Salz abschmecken und zur Seite ziehen.

3 Für die Miniklöße die kalten, gekochten Kartoffeln schälen, dann durch eine Kartoffelpresse in eine Schüssel geben und mit Eigelb, 1 Prise Salz, Kartoffelstärke und wenig Mehl zu einem Teig verkneten. Der Teig sollte etwas fester sein als Kartoffelpüree.

4 Reichlich Salzwasser, mindestens 2 l, zum Kochen bringen. Kleinen Probeknödel (Ø ca. 3 cm) formen und ins sprudelnd kochende Wasser geben. Einmal aufkochen lassen, dann den Topf vom Herd ziehen. Klößchen in 5–6 Min. garziehen lassen. Dann aus dem Wasser heben und probieren. Ist es zu weich oder zerfällt, noch etwas Stärke unter den übrigen Kartoffelteig mischen. Ist der Knödel zu fest, noch etwas Milch zum Teig geben und untermengen.

5 Aus dem Kartoffelteig nun Miniklöße formen. Salzwasser wieder zum Kochen bringen. Klöße ins sprudelnd kochende Wasser geben. Einmal aufkochen lassen, dann den Topf vom Herd ziehen. Klößchen in 5–6 Min. garziehen lassen. Wie's jetzt weitergeht, verrät der Genuss-Sheriff auf der rechten Seite.

Zuerst eine kleine Portion Kartoffelteig mit leicht bemehlten Händen zu Klößchen formen.

Dann könnt Ihr die Miniklöße auf einer Arbeitsfläche schön rund rollen.

Mit einer Lochtülle verwandelt Ihr Möhre, Sellerie und Zucchini in buntes Konfetti.

Das Gemüse vorher in ganz dünne Streifen schneiden.

Sind Klößchen und Konfetti fertig? Nun die Rahmsauce einmal aufkochen lassen und auf zwei tiefe Teller verteilen. Gekochte Kartoffelklößchen aus dem heißen Salzwasser nehmen und auf die Sauce setzen, die Konfettipunkte darüberstreuen. Kaum zu glauben, dass sie tatsächlich aus Gemüse sind. Weil sie doch so bunt und lecker schmecken....

Für Erwachsene

Die Klößchen genauso zubereiten und garen wie links beschrieben. Dann die Gnocchi in einer Pfanne mit etwas Olivenöl und ein paar Pinienkernen anschwenken, ein paar frische Thymianblättchen darüberstreuen. Pro Person 1 hauchdünne Scheibe Parmaschinken in Streifen schneiden und zur Pilzrahmsauce geben. Sauce nach Belieben noch zusätzlich mit ein paar Tropfen Aceto balsamico leicht säuerlich abschmecken, über die Knödel geben und servieren.

Raupe

Feldsalat mit Kartoffelcroûtons

1

2

3

4

6

7

9

11

Mit dem Kugelausstecher macht der Alex runde Pommes. Warum auch nicht? Stäbchen kann ja jeder. Hauptsache, sie werden außen knusprig und innen weich. Aber das wird der Alex schon hinkriegen. Und ansonsten kann ich ihm ja ein bisschen helfen.

Zutaten für 2 Raupen

1 1 Handvoll Feldsalat
2 3 EL Naturjoghurt
3 1 TL Senf
4 1/2 TL Rapsöl
5 Salz
6 4–5 Cocktailtomaten
7 2–3 mittelgroße, vorwiegend festkochende Kartoffeln
8 2 EL Butterschmalz

Werkzeuge

9 Pürierstab
10 kleines, spitzes Messer
11 Kugelausstecher
12 Küchenkrepppapier

Zubereitungszeit

50 Min.

1 Den Feldsalat putzen, gründlich waschen und trockenschleudern. Den Joghurt mit Senf, Rapsöl und 1 Prise Salz mit dem Pürierstab kurz schaumig mixen. Salat und Joghurtdressing beiseitestellen. Die Cocktailtomaten waschen, halbieren und mit Salz würzen. Tomaten bis zum Servieren etwas marinieren lassen.

2 Die Kartoffeln schälen. Die kleinste Kartoffel quer halbieren. Aus jeder Kartoffelhälfte auf der Schnittfläche zwei kleine runde Vertiefungen als Augen und einen Schlitz als Mund herausschneiden. Das funktioniert am besten mit einem kleinen, spitzen Messer. Aus den restlichen beiden Kartoffeln mit dem Kugelausstecher Kugeln ausstechen.

3 1 EL Butterschmalz in einer Pfanne erhitzen. Die beiden Kartoffelhälften mit der Schnittseite in die Pfanne legen und darauf leicht anbraten. So bekommt das Kartoffelgesicht eine braune Farbe, Augen und Mund bleiben hell. Die Kartoffelhälften 3–4 Min. unter Rühren bei kleiner bis mittlerer Hitze weiterbraten.

4 Dann restliches Butterschmalz mit in der Pfanne erhitzen und die Kartoffelkugeln dazugeben. Kartoffelkugeln und -hälften nun bei kleiner bis mittlerer Hitze sehr langsam und unter stetigem Rühren von allen Seiten knusprig braun braten. Die Hitze sollte nicht zu stark sein. Die Kartoffelstücke sollen außen langsam bräunen und dabei in der Mitte gar werden. Kartoffelkugeln und -hälften auf Küchenkrepp abtropfen lassen und leicht salzen. Wie daraus eine Raupe entsteht, verrät der Genuss-Sheriff auf der rechten Seite.

SuperTipp!

Im Herbst könnt Ihr die Raupe statt mit Kartoffeln auch mal mit Kürbisfruchtfleisch machen. Für 2 Raupen braucht Ihr 1 kleines Stück Kürbis (300–400 g mit Schale und Kernen). Davon die Kerne entfernen. Dann aus dem Fruchtfleisch Kugeln ausstechen. 1 größere Kugel halbieren. Aus den beiden Hälften Augen und Mund herausschneiden. Nun alle Kürbisstücke wie oben beschrieben braten und dann mit den Cocktailtomaten in Raupen verwandeln.

So krabbeln Raupen auf Eure Teller: Kartoffelkugeln mit den Cocktailtomaten zu einer bunten Schlange legen, die Kartoffelhälften als Kopf an den Anfang setzen. Den Feldsalat drumherum legen und mit dem Joghurt-Senf-Dressing beträufeln. Also so eine Pommes-Raupe darf ruhig öfter in meinem Salat sein...

Für Erwachsene

Knusperkartoffeln mit Speckstreifchen auf Salat servieren – ein kleiner, feiner Snack! Dazu den Feldsalat mit dem Joghurt-Senf-Dressing marinieren, halbierte Cocktailtomaten darüberstreuen. Nun noch 1 Scheibe Räucherspeck in Streifen schneiden. Kartoffelkugeln wie links beschrieben vorbereiten und mit den Speckstreifchen in Butterschmalz knusprig braten. Knusper-Kugeln und Speck noch heiß über den Feldsalat geben.

Schmetterlingsnudeln

Farfalle mit Hackfleischsauce

1

3

6

8

9

11

Eine Nudelmaschine nimmt Euch viel Arbeit ab. Denn Nudelteig ist sehr fest und deshalb schwer zu kneten. Da braucht Ihr Muskeln. Selbst Alex benutzt eine Maschine. Obwohl er doch ein starker Typ ist.

16

17

Zutaten für 4 Portionen

Für die Nudeln

1 250 g Mehl (+ Mehl für die Arbeitsfläche)

2 90 g Hartweizengrieß

3 1 Ei (Größe M)

4 1–2 EL Olivenöl

5 Salz

Für die Hackfleischsauce

6 2 Zwiebeln

7 2 Möhren

8 1 Stück Knollensellerie

9 1 kleine Dose geschälte Tomaten (400 g)

10 2 EL Olivenöl

11 220 g gemischtes Hackfleisch

12 1 EL Tomatenmark

13 2–3 Zweige Rosmarin

14 Salz, Pfeffer

Werkzeuge

15 Mixer oder Pürierstab

16 Nudelmaschine oder Nudelholz

17 Teigrädchen mit Welle

Zubereitungszeit

45 Min.

1 Aus Mehl, Hartweizengrieß, Ei, 1 EL Wasser und dem Olivenöl sowie 1 Prise Salz einen Nudelteig kneten. Ist er zu bröselig, einfach noch ein paar Spritzer Wasser dazugeben. Ist er zu weich, noch etwas Mehl nachstäuben. Teig in Klarsichtfolie einwickeln und im Kühlschrank mindestens 30 Min. ruhen lassen.

2 In dieser Zeit die Hackfleischsauce zubereiten: Dafür die Zwiebeln, die Möhren und den Knollensellerie schälen und in winzige Würfel schneiden oder hacken. Wer einen Fleischwolf besitzt, kann das Gemüse auch grob würfeln und dann durch den Fleischwolf drehen. Die Dosentomaten samt Flüssigkeit im Mixer oder in einem hohen Becher mit dem Pürierstab pürieren. Wer die Kerne nicht mag, passiert die Sauce nun noch durch ein Sieb.

3 Das Olivenöl erhitzen. Hackfleisch mit dem Gemüse darin anbraten. Tomatenmark dazugeben und die pürierten Tomaten dazugießen. Rosmarin waschen und mit 1 kräftigen Prise Salz hinzufügen. Alles zugedeckt unter gelegentlichem Rühren mindestens 20 Min. köcheln lassen. Rosmarin aus der Sauce fischen. Sauce mit Salz und Pfeffer abschmecken und bis zum Servieren beiseitestellen.

4 Für die Nudeln etwas Mehl auf die Arbeitsfläche streuen. Teig darauf etwas ausrollen, anschließend mit der Nudelmaschine in dünne Bahnen rollen. Oder den Teig mit dem Nudelholz auf der Arbeitsfläche dünn ausrollen. Das ist allerdings nicht ganz einfach und kostet Kraft.

5 Nun den ausgerollten Teig mit einem Teigrädchen in kleine oder größere Rechtecke teilen. Rechtecke jeweils vorsichtig in der Mitte zusammendrücken, sodass jeweils ein Schmetterling entsteht.

6 In einem flachen Topf oder Bräter reichlich Salzwasser aufkochen lassen. Nudeln hineingeben und das Wasser einmal aufkochen lassen. Dann die Nudeln bei kleiner Hitze in 4–6 Min. al dente kochen. Inzwischen auch die Bolognese nochmals aufkochen lassen. Wie's jetzt weitergeht, sagt Alexander Herrmann auf der rechten Seite.

Den Nudelteig mit den Händen kneten. Ist er zu bröselig, noch etwas Wasser dazugeben.

Mit einer Nudelmaschine lässt sich der Teig ganz leicht in dünne Bahnen rollen.

Den ausgerollten Teig mit einem Teigrädchen in kleine oder größere Rechtecke teilen.

Nudelrechtecke vorsichtig in der Mitte zusammendrücken, sodass Schmetterlinge entstehen.

Für Erwachsene

Obwohl viel Gemüse in der Sauce steckt, schmeckt dieses Gericht auch »Grünzeughassern«. Denn Möhre, Sellerie und Co. werden ganz fein geschnitten – so sind sie fast unsichtbar. Es lohnt sich, bei der Sauce gleich die doppelte Menge zuzubereiten. Denn Reste lassen sich prima einfrieren. Sind selbst gemachte Nudeln übrig? Einfach trocknen lassen und am nächsten Tag zubereiten. Und wenn's mal schneller gehen soll, fertig gekaufte Farfalle-Nudeln al dente kochen und servieren. Denn dazu schmeckt die Gemüse-Hackfleisch-Sauce natürlich ebenfalls sehr gut.

Lagerfeuer

Gebratene Mie-Nudeln

3

6

8

10

9

11

Was sind das da oben denn für komische Nudeln? Werden erst gekocht und dann noch gebraten. Sind erst fadendünn und plustern sich dann auf. Richtige Angeber! Allerdings auch sehr knusprig und lecker. Probiert sie ruhig mal!

12

Zutaten für 2 Lagerfeuer

1 1 Schalotte
2 1 TL Butter
3 150 g TK-Erbsen
4 50 g Sahne
5 Salz, Pfeffer
6 10 Shiitake-Pilze
7 2 EL Sonnenblumenöl
8 2 EL Cashewkerne
9 20 Zuckerschoten
10 150 g Mie-Nudeln

Werkzeuge

11 Mixer oder Pürierstab
12 Sieb
13 Küchenkrepppapier

Zubereitungszeit

45 Min.

1 Für das Erbsenpüree die Schalotte schälen und in sehr kleine Würfel schneiden. Butter in einem Topf erhitzen. Schalottenwürfelchen darin glasig anschwitzen. Die gefrorenen Erbsen und die Sahne dazugeben und alles zugedeckt in ca. 6 Min. bei kleiner bis mittlerer Hitze weich kochen. Dann im Mixer oder in einem hohen Becher mit dem Pürierstab pürieren und nach Wunsch durch ein Sieb passieren. Erbsenpüree mit Salz und Pfeffer abschmecken, beiseitestellen und später nochmals vorsichtig erwärmen.

2 Die Shiitake-Pilze putzen, d.h. den Stiel unten abschneiden. Pilze – falls nötig – halbieren. 1 EL Sonnenblumenöl in einer Pfanne erhitzen. Pilze zusammen mit den Cashewkernen darin 2–4 Min. anbraten, aus der Pfanne nehmen und beiseitestellen.

3 Inzwischen reichlich Salzwasser zum Kochen bringen. Die Zuckerschoten putzen, waschen, längs halbieren und ca. 5 Sek. blanchieren, d. h. Zuckerschoten ins sprudelnd kochende Wasser geben, einmal aufkochen lassen, herausnehmen und kurz in eiskaltem Wasser abschrecken. Abtropfen lassen und beiseitestellen.

4 Die Mie-Nudeln kurz nach Packungsanweisung in Salzwasser kochen lassen, dann 4 Min. neben dem Herd quellen lassen. Durch ein Sieb abgießen, mit eiskaltem Wasser abschrecken, auf ein Küchenkrepp oder -tuch geben und sehr gut trocken tupfen.

5 Das restliche Sonnenblumenöl in einer flachen Pfanne erhitzen, die gut abgetrockneten Mie-Nudeln hineingeben. Nudeln immer wieder mit einer Gabel drehen und wenden, sodass sie von allen Seiten schön knusprig braten und an Volumen gewinnen. Wie jetzt ein Lagerfeuer gemacht wird, verrät der Genuss-Sheriff auf der rechten Seite.

SuperTipp

Mie-Nudeln und Erbsenpüree könnt Ihr auch in einen grünen Struwwelpeter verwandeln. Verstreicht das Püree rund auf Eurem Teller. Legt die knusprigen Mie-Nudeln als Strubbel-Haare drumherum. 2 Shiitakepilze werden zu Augen, 1 Cashewnuss wird die Nase. Statt der Zuckerschoten schneidet 1 Stück rote Paprikaschote in Streifen. Daraus könnt Ihr einen Mund machen. Und schon ist der Struwwelpeter fertig!

!

So macht Ihr ein Lagerfeuer: Das Erbsenpüree auf dem Teller verstreichen, die Pilze und Cashewkerne darauf verteilen. Jetzt die knusprig gebratenen Mie-Nudeln mit 1 Prise Salz würzen und in der Mitte auftürmen. Die Zuckerschoten außen herumsetzen.

Für Erwachsene

Keine Lust auf Lagerfeuerromantik? Für große und kleine Asia-Fans die Zutaten im Wok zubereiten. Zuerst die Nudeln braten, dann in 1–2 Min. die Shiitake-Pilze und Zuckerschoten im Wok bei großer Hitze unter Rühren braten, Cashewkerne kurz mitbraten. Nudeln und Wok-Gemüse auf Teller verteilen und mit Sojasauce beträufeln. Erbsencreme dazu servieren. Wer mag, mischt noch 1 Handvoll Sojasprossen unters Wok-Gemüse. So schmeckt's noch asiatischer.

Nudel-Muffins

Schinken-Nudeln mit Rahmspinat

1

4

5

Alex sagt, dass Ihr Parmesan frisch reiben sollt. Weil der aus der Tüte muffig schmeckt. Also im Supermarkt ein großes Stück kaufen und nur soviel abreiben, wie Ihr gerade braucht. Alex sagt, das Reiben könnt Ihr übernehmen. Der macht sich's auch leicht…

7

8

15

9

16

Zutaten für 4 Nudel-Muffins

Für die Nudeln

1 250 g Makkaroni
2 Salz
3 1 TL Butter für die Förmchen
4 4–6 dünne Scheiben gekochter Schinken
5 3 Eier (Größe M)
6 150 g Sahne
7 50 g frisch geriebener Parmesan

Für den Spinat

8 2 große Handvoll Blattspinat (ca. 400 g)
9 1 kleine Zwiebel
10 1 TL Butter
11 50 g Sahne
12 Salz, Pfeffer
13 frisch geriebene Muskatnuss

Werkzeuge

14 1 großes Sieb (Seiher)
15 1 Muffinsblech
16 Mixer oder Pürierstab
17 4 Papierbackförmchen nach Belieben

Zubereitungszeit

1 Std. 10 Min.

1 Für die Makkaroni reichlich Salzwasser zum Kochen bringen. Die Nudeln darin nach Packungsanweisung al dente kochen. Dann in ein großes Sieb abgießen und im Sieb gut schütteln, sodass möglichst viel Wasser entfernt wird. Nudeln nebeneinander auf ein Backblech geben und 5–10 Min. ausdampfen lassen. Die Nudeln dürfen ruhig aneinanderkleben. Nur wenn der Stärkefilm nicht zerstört wird, lassen sich die Makkaroni später mit Erfolg in die Muffinsförmchen stecken.

2 Inzwischen vier Muffinsblech-Vertiefungen dünn mit Butter ausstreichen und komplett mit dem Schinken auslegen, dabei auch den Boden der Förmchen mit einem kleinen Schinkenstück belegen. Der Schinken darf ruhig überlappen.

3 Den Backofen auf 200° (Umluft 180°) vorheizen. Ausgedampfte Makkoroni nun in gleich lange Stücke schneiden. Die Stücke sollen mindestens so groß wie die Muffinsform und höchstens 1 cm größer sein. Die Makkaroni nun eng nebeneinander in die mit Schinken ausgelegte Form hineinstellen. Die Nudeln dabei – falls nötig – ein bisschen zusammendrücken, damit die Förmchen auch komplett gefüllt sind.

4 Die Eier mit der Sahne und 1 Prise Salz verrühren. Zwei Drittel dieser Mischung in die vier Förmchen gießen, den Rest obendrüber verteilen. Den geriebenen Parmesan auf die Makkaroni streuen und ebenfalls gleichmäßig verteilen. Nudel-Muffins im heißen Ofen (Mitte) 18–28 Min. backen. Aus dem Ofen nehmen und 4–5 Min. ruhen lassen, dann die Muffins vorsichtig aus den Förmchen herauslösen.

5 Während die Muffins im Ofen sind, den Rahmspinat zubereiten. Dazu die Stiele vom Blattspinat abschneiden, die Blätter in reichlich Wasser mehrmals gründlich waschen, bis sie nicht mehr sandig sind. Spinat in einem Sieb oder Seiher sehr gut abtropfen lassen. Die Zwiebel schälen und in feine Streifen schneiden.

6 Butter in einem Topf erhitzen, Zwiebelstreifchen darin anschwitzen. Den Spinat dazugeben und 1/2 Min. mit anschwitzen. Sahne dazugießen und bei großer Hitze in 1/2–1 Min. etwas einkochen lassen. Spinat-Sahne-Mischung im Mixer oder in einem hohen Becher mit dem Pürierstab pürieren. Mit Salz, Pfeffer und Muskat abschmecken. Wie's jetzt weitergeht, verrät der Genuss-Sheriff auf der rechten Seite.

Hände her!

Bei diesem Rezept ist Eure Hilfe erwünscht. Denn Ihr könnt sicher prima die Nudeln in die Muffinsförmchen packen. Also: Zuerst mal die vier Vertiefungen dünn mit Butter ausstreichen und komplett mit dem Schinken auslegen. Jetzt die Nudeln in gleich lange Stücke schneiden, z. B. mit einer Schere. Die Stücke sollen mindestens so groß sein wie die Muffinsform und höchstens 1 cm größer. Denn sie dürfen nur wenig aus der Form herausschauen. Sonst trocknen sie aus. Stellt die Makkaroni wie einen Blumenstrauß in die Förmchen, eng nebeneinander. Ihr dürft die Nudeln ruhig ein bisschen zusammendrücken. Nun die Eiermischung drübergießen und dann ab damit in den Ofen!

Ihr könnt selbst bestimmen wie Ihr die Nudel-Muffins am liebsten esst. Entweder den heißen Rahmspinat auf vier tiefen Tellern verteilen und jeweils 1 Nudel-Muffin daraufsetzen. Oder jede Spinatportion wie einen Dip in ein kleines Extra-Schälchen füllen. Nudel-Muffins in ein Papierförmchen geben und daneben setzen.

Für Erwachsene

Für 4 große Esser einen Nudelauflauf aus der doppelten Zutatenmenge zubereiten: Nudeln in kleinere Stücke brechen und nach Packungsanweisung al dente kochen. Schinken in Streifen schneiden. Nudeln abgießen, sofort mit dem Schinken vermischen und in eine gebutterte Auflaufform geben. Sahne-Mischung noch mit 2 EL klein gehacktem Basilikum und 1 durchgepressten Knoblauchzehe aromatisieren und über die Schinkennudeln gießen. Alles mit Parmesan bestreuen und im Ofen in ca. 30 Min. überbacken und mit dem Rahmspinat (ebenfalls doppelte Menge zubereiten) servieren.

Krake

Bratwürste mit Kraut und Püree

1

8

14

10

13

16

15

Zutaten für 2 Kraken

Für das Püree

1 3–4 mittelgroße, mehligkochende Kartoffeln
2 Salz
3 1 EL Butter
4 75–100 ml Milch
5 frisch geriebene Muskatnuss

Für das Kraut

6 1 kleine Zwiebel
7 1 TL Butterschmalz
8 150–200 g frisches Sauerkraut
9 100 ml Gemüsebrühe (Instant)
10 1 dünne Scheibe Räucherspeck
11 Salz

Ausserdem

12 1 TL Butterschmalz
13 4 dünne Bratwürste
14 1 Apfel

Werkzeuge

15 1 Kartoffelstampfer
16 1 Spritzbeutel mit großer Lochtülle

Zubereitungszeit

45 Min.

1 Für das Püree die Kartoffeln schälen und mit wenig Wasser und 1 Prise Salz zum Kochen bringen. Dann die Kartoffeln zugedeckt in ca. 20 Min. weich kochen. Wasser abgießen. Kartoffeln etwas ausdampfen lassen, dann mit dem Kartoffelstampfer fein zerdrücken, dabei die Butter untermischen. Die Milch erhitzen und portionsweise mit einem Schneebesen oder Kochlöffel unter die zerdrückten Kartoffeln rühren, bis ein cremiges Püree entsteht. Kartoffelpüree mit 1 Prise Salz und Muskat abschmecken und bis zum Servieren im zugedeckten Topf warm halten.

2 Während die Kartoffeln kochen, das Sauerkraut zubereiten. Dafür die Zwiebel schälen und klein würfeln. Das Butterschmalz in einem kleinen Topf erhitzen. Zwiebelwürfel darin anschwitzen, das Sauerkraut etwas abtropfen lassen und zu den Zwiebelwürfeln geben. Die Gemüsebrühe dazugießen. Die Speckscheibe auf das Kraut legen. Sauerkraut zugedeckt in ca. 10 Min. weich kochen. Dann offen noch ca. 10 Min. weiterköcheln lassen und dabei den Sud einköcheln lassen. Den Speck entfernen. Sauerkraut mit 1 Prise Salz abschmecken.

3 Für die Bratwürste Butterschmalz in einer Pfanne erhitzen. Bratwürste darin bei mittlerer Hitze in 10–12 Min. langsam von allen Seiten braun und knusprig braten. Bratwürste aus der Pfanne nehmen. Von 2 Würsten jeweils 3 dünne Scheibchen abschneiden (Das werden später Augen und Mund der Krake). Alle Würste quer halbieren und jeweils an einem Ende mit einem kleinen Messer 2–3 cm tief kreuzweise einschneiden. Halbierte Bratwürste zurück in die Pfanne geben und weiterbraten. Nun rollen sich die eingeschnittenen Enden leicht auf und werden zu »Krakenarmen«.

4 Für die »Halskrause« der Krake den Apfel waschen und halbieren. Fruchtfleisch in dünnen Scheibchen abschneiden. Wie jetzt eine Krake entsteht, verrät der Genuss-Sheriff auf der rechten Seite.

Zuerst die Bratwürstel an den Enden einschneiden und in etwas Butterschmalz braten.

Durch das Einschneiden kringeln sich die Würstel an den Enden und werden zu Krakenarmen.

Die Würstel lege ich sternförmig auf den Teller mit Sauerkraut.

Für die »Halskrause« der Krake den Apfel in hauchdünne Scheiben schneiden.

So mache ich die lustige Krake: Sauerkraut in die Mitte des Tellers häufeln, Bratwurst-Krakenbeine sternförmig darauflegen. Das Kartoffelpüree in einen Spritzbeutel füllen und damit einen schönen Krakenkopf in die Mitte spritzen. Die Apfelspalten als »Halskrause« unten in das Püree stecken. Bratwurst-Augen ankleben. Und nun braucht die Krake noch einen Mund. Dazu das übrige Bratwurstscheibchen halbieren und jeder Krake eine Hälfte als Mund ankleben.

Für Erwachsene

Bratwürstel, Sauerkraut und Püree in Schüsseln servieren. Für 4 Personen brauchen Sie die doppelte Zutatenmenge. Streuen Sie zusätzlich fein geschnittenen Schnittlauch oder Kresse über das Kartoffelpüree. Statt 1 Scheibe Speck mit dem Sauerkraut zu garen, können Sie auch 100 g Speckwürfelchen in einer Pfanne kross ausbraten und zum Schluss über das Sauerkraut geben.

Würstelmix im Suppentopf

Würstchengulasch mit Brot

2

4

8

13

11

Ihr mögt keine Zucchini? Dann solltet Ihr vorsichtig sein. Denn Alex kennt einen Trick. Er schält die Zucchini und mogelt sie so unter das Gulasch. Stellt Euch vor, Ihr esst Zucchini und merkt es gar nicht. Vielleicht schmecken sie Euch sogar. Igitt!

10

14

15

Zutaten für 4 große Portionen

1 1 große Zwiebel
2 1 EL Olivenöl
3 1 TL Zucker
4 1 Schuss Orangensaft
5 6–8 EL Weißweinessig
6 edelsüßes Paprikapulver
7 1/2 Bund Thymian
8 6 reife Strauchtomaten (ersatzweise geschälte Tomaten aus der Dose
9 6 getrocknete Tomaten
10 1 dünner Zucchino
11 4–6 Wiener Würstchen
12 1 EL Sonnenblumenöl
13 4 große Vollkornbrötchen (Semmeln)

Werkzeuge

14 Mixer oder Pürierstab
15 Sieb

Zubereitungszeit

1 Std.

1 Zunächst die Sauce für das Würstelgulasch herstellen. Dafür die Zwiebel schälen und in kleine Würfel schneiden. Olivenöl in einem Topf erhitzen. Zwiebelwürfelchen darin glasig anschwitzen. Mit dem Zucker bestreuen und leicht karamellisieren lassen, dabei stetig rühren. Beginnt der Zucker leicht braun zu werden, die Zwiebelwürfel sofort mit einem Schuss Orangensaft sowie dem Weißweinessig ablöschen. Alles mit 1 Prise Paprikapulver würzen. Den Thymian waschen, trocken schütteln und mit Küchengarn zu einem Sträußchen binden. Thymian mit in den Topf geben. Dann den Topf vom Herd ziehen.

2 Die Strauchtomaten grob zerkleinern, dabei den Strunk entfernen. Die getrockneten Tomaten in möglichst feine Streifen schneiden. Beide Tomatensorten nun in den Topf geben, aufkochen lassen und bei kleiner bis mittlerer Hitze in 10–14 Min. sämig einköcheln lassen, dabei stetig rühren. Achtung: Die Hitze darf nicht zu stark sein, damit die Tomaten perfekt zu einer Sauce einkochen können.

3 Inzwischen für das Würstelgulasch Zucchino putzen und nach Belieben waschen oder – für Kinder, die kein Grünzeug mögen – schälen. Die Wiener Würstchen in Scheiben schneiden, die Scheiben dürfen 7–10 mm dick sein. Zucchino ebenfalls in Scheibchen schneiden. Wenn er sehr dick ist, Zucchino der Länge nach vierteln und in Würfel schneiden. Die Zucchinistückchen sollten ungefähr dieselbe Größe wie die Würstchenscheiben haben.

4 Das Thymiansträußchen aus der Sauce fischen. Sauce im Mixer mit dem Pürierstab pürieren und durch ein Sieb passieren, sodass die Kerne und die Haut entfernt werden. Wer will, lässt die Sauce noch weiter einköcheln, bis ein selbstgemachtes Ketchup entsteht.

5 Sonnenblumenöl in einem Topf erhitzen. Zucchinistückchen und Würstchenscheiben darin 3–4 Min. leicht anbraten. Selbst gemachte Tomatensauce dazugießen und einmal aufkochen lassen. Dann alles vom Herd ziehen und zugedeckt ca. 2 Min. ziehen lassen, sodass sich das Aroma der Würstchen auch in der Sauce verteilen kann. Wie's jetzt weitergeht, sagt Alexander Herrmann auf der rechten Seite.

Zwiebelwürfel leicht karamellisieren lassen, bis sie hellbraun sind, dabei stetig rühren.

Den Strunk mit einem spitzen Messer aus den Strauchtomaten entfernen.

Tomaten unter Rühren sämig einköcheln lassen. Die Hitze darf nicht zu stark sein.

Die Sauce pürieren. Wer will, passiert sie danach noch durch ein Sieb. Dann wird sie feiner.

Das ist ja sehr praktisch! Den Suppentopf esse ich einfach auf. Aber erst kommt das Würstelgulasch dran...

Und so serviert Ihr den Würstelmix im Suppentopf: Ofen auf 170° (Umluft 150°) vorheizen. Von jedem Brötchen einen Deckel abschneiden, das weiche Innere rauszupfen. Die Brötchen mit Deckel im heißen Ofen (Mitte) in 4–6 Min. leicht rösten, dann auf einen tiefen Teller setzen. Nun den Deckel abnehmen, das warme Würstelgulasch hineinlöffeln, Deckel wieder aufsetzen – fertig!

Für Erwachsene

… darf's ein bisschen würziger sein: Zusätzlich 1–2 rote bzw. gelbe Paprikaschoten waschen, halbieren und putzen. Paprikahälften mit Öl bepinseln und unter dem vorgeheizten Grill im Backofen 5–10 Min. rösten, sodass die Haut schwarze Blasen wirft. Aus dem Ofen nehmen, kurz abkühlen lassen, dann mit einem kleinen Messer die Haut abziehen. Paprikafleisch nun klein würfeln und unter das Würstelgulasch rühren. Alles mit Cayennepfeffer, durchgepresstem Knoblauch und fein geschnittener Petersilie herzhaft abschmecken und in tiefen Tellern servieren. Dazu passen Baguettescheiben oder auch in Scheiben geschnittene Vollkornbrötchen. Brotscheiben am besten noch mit etwas Öl bepinseln, mit fein gehacktem Knoblauch bestreuen und im Ofen bei 170° (Umluft 150°) in 10–12 Min. knusprig rösten.

Wurm Nimmersatt

Wienerle mit Kartoffel-Gurken-Salat

1

3

Würstel können für mich ja nicht dick genug sein. Aber hier braucht Ihr dünne Wienerle. Sie müssen durch den Apfelausstecher passen, mit dem Ihr das Kartoffelloch macht. Wenn sie aber sehr dünn sind, nehme ich am besten noch 1 Wienerle zusätzlich.

8

10

9

11

12

13

Zutaten für 4 Portionen

1 4 mittelgroße, vorwiegend festkochende Kartoffeln

2 Salz

3 1 Salatgurke

4 4 TL Essig

5 8 EL Brühe (Instant)

6 2 TL Senf

7 4 EL Rapsöl

8 6–8 Wiener Würstchen

9 2–3 Romanasalatherzen (oder 1/2 Romanasalat)

10 4 Radieschen

11 200 g Naturjoghurt

12 2 TL Zitronensaft

Werkzeuge

13 Apfelausstecher

14 Pürierstab

Zubereitungszeit

40 Min.

1 Die Kartoffeln schälen und in 1/2 cm dicke Scheiben schneiden. Mit einem Apfelausstecher jeweils in die Mitte der Kartoffelscheiben ein Loch stechen. Die Kartoffelringe in einem Topf mit wenig Wasser und 1 Prise Salz zum Kochen bringen und einmal aufkochen lassen. Kartoffelringe dann zugedeckt bei kleiner Hitze in 8–10 Min. auf dem Herd gar ziehen lassen (also nicht stark kochen lassen).

2 Inzwischen die Gurke waschen und ebenfalls in 1/2 cm dicke Scheiben schneiden. Mit dem Apfelausstecher auch in die Mitte der Gurkenscheiben ein Loch stechen.

3 Den Essig in einem Topf mit der Brühe erwärmen, Senf und Öl einrühren. Die Kartoffelscheiben mit einem Schaumlöffel aus dem Kochwasser nehmen und in die warme Marinade geben. Gurken- und Kartoffelscheiben darin 5 Min. ziehen lassen, dann mit 1 Prise Salz würzen.

4 Die Wiener Würstchen in heißem Wasser langsam erhitzen. Vorsicht: Das Wasser darf nicht kochen, sonst platzen die Würstchen auf.

5 Während die Würstchen warm werden, den Romanasalat putzen und in Streifen schneiden. Salatstreifen waschen und trocken schleudern oder tupfen. Die Radieschen waschen, putzen und in dünne Scheiben schneiden. Wer will, schneidet noch Radieschen-Augen und -Zunge aus.

6 Den Joghurt mit Zitronensaft und 1 Prise Salz mit dem Pürierstab schaumig mixen. Wie jetzt der Wurm Nimmersatt entsteht, verrät der Genuss-Sheriff auf der rechten Seite.

Mit dem Sparschäler ist die Kartoffel ruck-zuck geschält.

Die Gurke könnt Ihr mit einem Tafelmesser ganz leicht in dünne Scheiben schneiden.

Aus jeder Kartoffel- und Gurkenscheibe mit dem Apfelausstecher ein Loch in der Mitte ausstechen.

Kartoffeln- und Gurkenscheiben abwechselnd auf das Würstchen stecken.

Für den Wurm Nimmersatt Gurken- und Kartoffelscheiben abwechselnd auf die Wienerle stecken. Würstchen an einem Ende ein wenig einschneiden, um Radieschen-Augen und Zunge anzubringen. Romanasalat und die Radieschen-scheiben auf vier Teller verteilen und mit Joghurtdressing beträufeln. Den Wurm Nimmersatt in den Salat setzen. Upps, der ist ja ganz schön frech! Der streckt mir ja die Zunge raus.

Für Erwachsene

... die Kartoffeln mit Schale in 20–25 Min. weich kochen, dann ein wenig ausdampfen lassen, pellen und in Scheiben schneiden. Senf, Brühe, Essig und Rapsöl cremig verrühren und mit den warmen Kartoffelscheiben mischen. Den Kartoffelsalat mind. 10 Min. ziehen lassen. In dieser Zeit die Würstchen in heißem Wasser erwärmen. Den Romanasalat putzen, in feine Streifen schneiden und waschen. Die Gurke waschen und in hauchdünne Scheiben hobeln. Romanasalat und Gurke kurz vor dem Servieren unter den Kartoffelsalat heben. Salat mit den Radieschen garnieren. Wer mag, kann noch kross gebratene Speckwürfelchen hinzugeben. Die heißen Würstchen mit dem noch lauwarmen (!) Kartoffel-Gurken-Salat servieren.

Dracheneier im Nest

Fleischklößchen in Tomatensauce mit Kartoffelschnee

2

3

4

Mit der Kartoffelpresse werden Kartoffeln zu Schnee. Oder zu lauter kleinen Würstchen. Aber Ihr braucht viel Kraft, um die Kartoffeln durchzudrücken. Zum Glück schaff ich das leicht. Ich bin ja ein starker Typ!

8

12

14

10

15

Zutaten für 4 Dracheneier

Für die Tomatensauce

1 1 kleine Zwiebel
2 3–4 reife Strauchtomaten
3 1 kleine Knoblauchzehe
4 1 EL Olivenöl
5 150 ml Gemüsebrühe (Instant)
6 1 Zweig Rosmarin
7 Salz, Pfeffer

Für den Kartoffelschnee

8 3–4 mittelgroße, vorwiegend festkochende Kartoffeln
9 Salz

Für die Fleischklößchen

10 200 g gemischtes Hackfleisch
11 Salz, Pfeffer
12 4 kleine Mozzarellakugeln
13 8 Blätter Estragon

Werkzeuge

14 Mixer oder Pürierstab
15 Kartoffelpresse

Zubereitungszeit

35 Min.

1 Für die Tomatensauce die Zwiebel in Streifen schneiden. Strauchtomaten waschen und in grobe Stücke schneiden, dabei den Strunk entfernen. Knoblauch schälen und in feine Scheiben schneiden

2 Olivenöl in einem Topf erhitzen. Zwiebelstreifen darin glasig anschwitzen. Tomaten und Knoblauch dazugeben. Die Brühe angießen. Rosmarinzweig waschen und zu den Tomaten geben. Alles aufkochen lassen und zugedeckt bei mittlerer Hitze ca. 10 Min. köcheln lassen. Dann den Rosmarinzweig aus der Sauce fischen. Sauce offen noch etwas einköcheln lassen, dann im Mixer oder in einem hohen Becher mit dem Pürierstab pürieren und durch ein Sieb passieren. Sauce mit Salz und Pfeffer abschmecken und beiseitestellen.

3 Für den Kartoffelschnee die Kartoffeln schälen und mit wenig Wasser zum Kochen bringen. Dann die Kartoffeln zugedeckt in ca. 20 Min. weich kochen. Das Wasser abgießen und Kartoffeln etwas ausdampfen lassen.

4 Während die Kartoffeln kochen, für die Fleischklößchen das Hackfleisch mit Salz und 1 Prise Pfeffer würzen, in vier Portionen teilen. Portionen jeweils mit leicht angefeuchteten Fingern zu Kugeln rollen. Nun in die Mitte jeder Fleischkugel eine kleine Vertiefung drücken. Jeweils 1 Mozzarellakugel und 2 Estragonblätter hineindrücken. Dann die Kugeln wieder gut verschließen (immer darauf achten, dass die Finger noch angefeuchtet sind) und zu Eiern formen.

5 Die 4 Dracheneier in die vorbereitete Tomatensauce legen. Sie sollten von der Sauce gut bedeckt sein. Alles einmal aufkochen lassen, dann die Dracheneier zugedeckt bei kleiner Hitze in 8–12 Min. garziehen lassen. Wie die Dracheneier ins Nest kommen, verrät der Genuss-Sheriff auf der rechten Seite.

SuperTipp

Ihr mögt nicht so gern Mozzarella? Dann könnt Ihr die Käsekugeln auch einfach weglassen. Oder versteckt stattdessen 1 Olive ohne Stein oder 1 Cocktailtomate in Eurem Drachenei. Die Fleischbällchen dann aber nach dem Braten bitte sehr vorsichtig anschneiden! So eine Cocktailtomate kann ganz schön heiß spritzen. !

Die heißen Kartoffeln in eine Kartoffelpresse geben und als Kartoffelschnee auf vier Teller drücken. Vorsicht: Am Anfang kommt manchmal noch ein wenig Wasser mit. Nun habt Ihr vier Nester. Drückt eine kleine Kuhle hinein. Da legt ihr die Fleischklößchen rein und übergießt sie mit der Tomatensauce.
Lecker!

Für Erwachsene

Das obengenannte Rezept reicht für 4 kleine Esser. Für mehr Leute die doppelte Menge zubereiten und alles ein wenig pikanter würzen. Zusätzlich 2–3 Zwiebeln schälen, in kleine Würfel schneiden und in einer Pfanne in 2 EL Olivenöl leicht braun rösten. Nun die Fleischklößchen aus der Tomatensauce nehmen und in den Röstzwiebeln wenden. Die Tomatensauce mit Tabasco und durchgepresstem Knoblauch feurig-würzig abschmecken. Den Kartoffelschnee auf die Teller geben, vielleicht noch mit etwas schwarzem Pfeffer übermahlen. Die Fleischklößchen mit den Zwiebeln daraufgeben und die Sauce drumherum träufeln. Als Beilage passt ein mit Aceto balsamico und Olivenöl angemachter Rucolasalat.

Fleischplätzchen mit gelber Suppe

Hackbraten mit Kürbiseintopf

1

6

8

Hunde lieben Hackfleisch. Und Genuss-Sheriffs sowieso. Und in Herzform schmeckt es mir gleich noch besser – nicht nur am Valentinstag! In diese Fleischplätzchen bin ich jetzt schon ganz verliebt.

10

17

11

Zutaten für 2 Portionen

Für die Suppe

1 250 g geputztes Kürbisfleisch (400 g mit Schale)
2 2 Schalotten
3 1 EL Butter
4 1 Msp. mildes Currypulver
5 300 ml Gemüsebrühe (Instant)
6 2 Orangen
7 Salz
8 3–4 EL Kürbiskerne

Für die Fleischplätzchen

9 1 Schalotte
10 250 g gemischtes Hackfleisch
11 1 Eigelb
12 Salz
13 ca. 4 EL Semmelbrösel
14 1 EL Butterschmalz
15 Öl zum Bepinseln

Werkzeuge

16 Mixer oder Pürierstab
17 große Plätzchenausstecher, z. B. in Herzchenform

Zubereitungszeit

35 Min.

1 Für den Kürbiseintopf das Kürbisfruchtfleisch in kleine Würfel schneiden. Die Schalotten schälen und in Streifen schneiden. Butter in einem Topf erhitzen. Schalotten darin anschwitzen und mit dem Curry bestäuben. Mit der Gemüsebrühe ablöschen. Die Orangen auspressen, Saft angießen. Nun die Kürbiswürfel in den Sud geben. Kürbis zugedeckt in 8–12 Min. weich kochen, anschließend den Eintopf mit 1 Prise Salz abschmecken. Wer sämige Suppen liebt, püriert nun den Eintopf im Mixer oder in einem hohen Becher mit dem Pürierstab und passiert ihn durch ein Sieb. Eventuell noch etwas Brühe angießen, wenn die Suppe flüssiger sein soll. Ob fein püriert oder mit Stückchen: Kürbiseintopf in jedem Fall zunächst beiseitestellen.

2 Für die Fleischplätzchen die Schalotte schälen und in feine Würfel schneiden. Hackfleisch mit dem Eigelb und den Schalottenwürfelchen verrühren. Hackfleisch mit 1 Prise Salz würzen und nach und nach mit den Semmelbröseln verkneten, bis eine feste Masse entsteht.

3 Den Backofen auf 140° (Umluft 120°) vorheizen. Ein Backblech mit Papier belegen. Die Plätzchenausstecher innen sorgfältig mit Öl auspinseln. Hackfleischmasse in die Ausstecher hineindrücken und anschließend sorgfältig wieder aus den Formen herausnehmen. Butterschmalz in einer beschichteten Pfanne erhitzen. Fleischplätzchen darin vorsichtig bei nicht zu großer Hitze ca. 1 Min. anbraten, dann vorsichtig wenden und auf der anderen Seite ebenfalls 1–2 Min. braten.

4 Fleischplätzchen mit einer Palette auf ein Backblech geben und im heißen Ofen (Mitte) in 6–10 Min. fertig garen.

5 Inzwischen die Pfanne säubern und erneut erhitzen. Die Kürbiskerne darin 3–4 Min. rösten, sodass sie knusprig werden. Kürbiskerne mit 1 Prise Salz würzen. Wie's jetzt weitergeht, sagt Alexander Herrmann auf der rechten Seite.

Eigelb, Schalottenwürfel, Salz und 1 EL Semmelbrösel zum Hackfleisch geben.

Alles mit einer Gabel gründlich verkneten. Restliche Semmelbrösel nach und nach untermischen.

Je 1–2 EL Hackfleisch in die Ausstecher drücken. Ausstecher vorher sorgfältig mit Öl auspinseln.

Fleischplätzchen in einer beschichteten Pfanne in wenig Butterschmalz braten.

Wenn Ihr mal keine Lust auf Herzchen habt, dann nehmt Ihr einfach andere Ausstecher. Wie wär's zu Weihnachten mal mit Sternchen-Plätzchen? Und gibt's eigentlich auch Ausstecher in Knochenform?

So schmecken die Fleischplätzchen besonders gut: Die gelbe Kürbissuppe nochmal aufkochen lassen und in tiefe Teller füllen. Die Fleischplätzchen aus dem Ofen nehmen und in die Mitte geben. Die knusprigen Kürbiskerne darüberstreuen.

Für Erwachsene

... dürfen Eintopf und Plätzchen noch würziger schmecken. Schalotten nach Belieben noch mit 1 dünnen Scheibe Räucherspeck und 1 fein gehackten Knoblauchzehe anbraten. Den Kürbiseintopf mit schärferem Curry sowie mit etwas Zimtpulver abschmecken und nicht pürieren. Die Fleischplätzchen bekommen eine mediterrane Note, wenn Sie 1 TL Kapern, 1 EL schwarze Oliven sowie 1 getrocknete Tomate in Öl fein hacken und unter die Hackfleischmasse mischen. Vielleicht noch fein geschnittenes Basilikum und etwas Knoblauch unterkneten. Schneller geht's, wenn Sie aus der Hackfleischmasse kleine Buletten formen und in der Pfanne in 15–20 Min. braten. Übrigens: Außerhalb der Kürbis-Saison gelingt der Eintopf auch wunderbar mit Kartoffeln, Mais oder Linsen.

1 Die Möhren mit dem Sparschäler schälen und der Länge nach vierteln. Inzwischen Salzwasser zum Kochen bringen. Die Möhrenviertel darin ca. 1 Min. blanchieren, d. h. ins sprudelnd kochende Wasser geben, aufkochen lassen und 1 Min. kochen lassen, herausnehmen und kurz in eiskaltem Wasser abschrecken. Die Möhrenviertel sollen knackig sein und in der Mitte noch Biss haben. Möhren auf Küchenkrepp abtropfen lassen und zunächst beiseitestellen.

2 Das Brötchen in kleine Stücke zerbröseln bzw. schneiden und in ein Schälchen geben. Schalotte schälen und in winzige Würfel schneiden.

3 1 TL Butterschmalz in einem kleinen Topf erhitzen. Schalotte darin anschwitzen. Milch dazugießen und erhitzen. Die heiße Milch portionsweise über die Brötchenstückchen gießen – so viel, dass das Brötchen quellen kann, aber nicht matschig wird.

4 Die Hackfleischmasse in einer großen Schüssel mit dem Eigelb, dem Senf sowie 1 Prise Salz verrühren. Dann die Brötchenstückchen nach und nach unterkneten. Achtung: Die Masse darf nicht zu weich werden!

5 Die Hackfleischmasse in acht Portionen teilen. Portionen jeweils mit leicht angefeuchteten Fingern zu Kugeln rollen. Nun in die Mitte jeder Kugel je 1 Möhrenstab hineinstecken bzw. die Masse um den Möhrenstab der Länge nach andrücken. Die Hackfleischmasse sollte fest an dem Möhrenstab sitzen.

6 Restliches Butterschmalz in einer beschichteten Pfanne erhitzen. Die Pflanzerl mit den Möhren darin von jeder Seite 2–3 Min. braten, dann aus der Pfanne nehmen und auf Küchenkrepp abtropfen lassen, dann servieren.

Hände her!

Helft mit, den Lump am Stecken zu formen! Dazu müsst Ihr Euch als erstes mal die Hände sehr gut waschen, aber nicht abtrocknen. Dann teilt Ihr die gewürzte Hackfleischmasse in acht Portionen. Jede Portion nun mit leicht angefeuchteten Fingern zu Kugeln rollen. Und nun gibt’s zwei Methoden: Entweder steckt Ihr in die Mitte jeder Kugel je 1 Möhrenstab. Oder Ihr drückt die Hackfleischkugel um den Möhrenstab herum an. Egal, wie Ihr’s macht – wichtig ist, dass die Hackfleischmasse nachher fest am Möhrenstab pappt.

Für Erwachsene

... Fleischpflanzerl und Möhrenrahmgemüse zubereiten. Dazu aus der Hackfleischmasse 4–6 kleine Hackbällchen formen. Fleischpflanzerl in Butterschmalz je nach Größe 10–15 Min. braten. Möhren schälen, in kleine Scheiben schneiden und zusammen mit den Schalottenwürfelchen und 1–2 Scheibchen von 1 frischen Ingwerwurzel in Butterschmalz anschwitzen. 1 Schuss Sahne dazugeben und cremig einkochen lassen. Die Rahmmöhrchen zum Schluss mit Salz und Pfeffer abschmecken und mit frischer Kresse abrunden. Möhrengemüse auf die Teller geben, die Fleischpflanzerl daraufsetzen. Wunderbar schmecken dazu selbst gemachte Rösti: Für 4 Portionen ca. 800 g festkochende Kartoffeln schälen, auf einer Reibe grob raspeln und mit etwas Salz vermischen. Kartoffelmasse gut ausdrücken – sie darf nicht zuviel Wasser enthalten. Für jedes Rösti jeweils 1 EL Kartoffelmasse in eine Pfanne mit Butterschmalz geben. Die Kartoffelhäufchen etwas flacher drücken und von jeder Seite in 4–6 Min. knusprig braun braten.

Piratengold

Hähnchenbrust im Cornflakesmantel

1

2

3

10

Alex sagt, die Cornflakes fürs Piratengold dürfen nicht gesüßt sein. Wie langweilig, habe ich erst gedacht. Doch nach dem ersten Probe-Nugget muss ich sagen: Alex hat mal wieder recht. Besser kann Piratengold nicht schmecken.

13

15

19

Zutaten für 2 Portionen

Für das Ketchup

1 50 g Ananas (Dose)
2 50 g Maiskörner (Dose)
3 50 g gelbe Paprikaschote
4 50 g gelbe Cocktailtomaten
5 50 ml Orangensaft
6 1 Msp. Currypulver
7 Salz
8 1 EL Weißweinessig
9 1–2 TL Zucker

Außerdem

10 5–6 Kopfsalatblätter
11 1/2 Zitrone
12 1 TL Rapsöl
13 1 Hähnchenbrustfilet (ca. 180 g)
14 1 EL Mehl
15 4 EL Cornflakes
16 1 Ei (Größe M)
17 2 EL Butterschmalz

Werkzeuge

18 Saftpresse
19 Pürierstab
20 Sieb
21 Küchenkrepppapier

Zubereitungszeit

45 Min.

1 Als erstes das gelbe Ketchup zubereiten. Dafür die Ananas und Maiskörner abtropfen lassen. Die Paprikaschote putzen und waschen. Die Ananas und die Paprika klein würfeln. Die gelben Cocktailtomaten waschen und vierteln.

2 Nun die Ananas- und Paprikawürfel, die Maiskörner und die Tomatenviertel mit dem Orangensaft und Currypulver in einem Topf erhitzen und zum Kochen bringen. Alles zugedeckt bei kleiner Hitze ca. 20 Min. unter gelegentlichem Rühren langsam sämig einköcheln lassen. Ist die Konsistenz dann noch flüssig, einfach den Deckel abnehmen und alles offen noch etwas einkochen lassen.

3 Inzwischen den Kopfsalat putzen, waschen und sehr trocken schütteln. Die Zitronenhälfte auf der Saftpresse auspressen. Den Saft mit dem Öl und 1 Prise Salz zu einer Marinade verrühren. Das geht besonders gut mit einem Schneebesen. Salat und Dressing beiseitestellen.

4 Die eingekochte Gemüse-Frucht-Mischung in einem hohen Becher mit dem Pürierstab pürieren und durch ein Sieb passieren. Das gelbe Ketchup mit 1 Prise Salz, etwas Weißweinessig und Zucker abschmecken und abkühlen lassen.

5 Während das Ketchup abkühlt, für die Goldnuggets das Hähnchenbrustfilet kurz unter kaltem Wasser abwaschen, trocken tupfen und in gut 1 cm dicke Nuggets schneiden.

6 Zum Panieren das Mehl und die Cornflakes jeweils in tiefe Teller geben. Die Hälfte der Cornflakes mit der flachen Hand fein zerdrücken. In einem dritten Teller das Ei aufschlagen, verquirlen und mit etwas Salz würzen. Nun die Nuggets im Mehl wenden, durch das Ei ziehen und zum Schluss in die Cornflakesbrösel legen und von allen Seiten gut damit bedecken, dabei die Cornflakes etwas andrücken. Wichtig ist, dass die Hähnchenstücke komplett mit den Cornflakes ummantelt sind.

7 In einer Pfanne das Butterschmalz bei mittlerer Hitze erhitzen. Die Hähnchennuggets darin von beiden Seiten in 5–7 Min. knusprig braun braten, dann auf Küchenkrepp abtropfen lassen. Die Salatblätter auf Tellern ausbreiten und mit der Marinade beträufeln. Die Hähnchennuggets darauf anrichten. Wie's jetzt weitergeht, verrät der Genuss-Sheriff auf der rechten Seite.

SUPERTIPP

Ihr habt beim Gemüsehändler keine gelben Tomaten gefunden? Kein Problem! Ihr könnt das Ketchup auch mit roten machen. Dann schmeckt es genauso gut, nur ist es eben ein bisschen orange.

!

Für Erwachsene

Für 2 größere Genießer das Hähnchenbrustfilet nicht in kleine Würfel schneiden, sondern in der Mitte halbieren. 1 Peperoni putzen, entkernen, waschen und in sehr kleine Würfel hacken. Die Cornflakes mit den Peperoniwürfelchen mischen. Hähnchenfiletstücke ebenfalls in Mehl, Ei und Cornflakes panieren. Den Kopfsalat zusätzlich mit etwas Rucola mischen. Als Beilage passen prima Bratkartoffeln aus rohen Kartoffeln. Dazu 3–4 festkochende Kartoffeln schälen, in Würfel schneiden und in Butterschmalz in ca. 15 Min. goldgelb braten, dabei immer wieder wenden. Die Kartoffeln zum Schluss mit etwas fein gehacktem Knoblauch sowie Petersilie und Salz und Pfeffer würzen und zu Salat und Hähnchen servieren.

Räuberknüppel

Hähnchenschenkel mit Rosmarin

1

5

4

7

9

Alex sagt, hier braucht man unbedingt 1 Bio-Zitrone. Denn bei diesem Gericht wird auch die Schale verwendet. Schmeckt denn Zitronenschale gut? Ja, sagt Alex, die gibt der Kartoffel-Mayo was ganz Besonderes. Ist halt ein Sterne-Koch, der Alex.

8

12

13

Zutaten für 4 Räuberknüppel (2 Portionen)

Für die Räuberknüppel

1 4 Hähnchenunterschenkel
2 1 EL Olivenöl
3 Salz
4 1 Zweig Rosmarin

Für die Kartoffel-Mayonnaise

5 2 mittelgroße, mehlig- oder vorwiegend festkochende Kartoffeln
6 50–100 ml Gemüsebrühe (Instant)
7 1 EL Olivenöl
8 1/2 Bio-Zitrone
9 1 EL Crème fraîche
10 Salz
11 Pfeffer nach Belieben

Werkzeuge

12 flacher Bräter oder Backblech
13 Pürierstab
14 kleine Reibe

Zubereitungszeit

50 Min.

1 Für die Räuberknüppel den Backofen auf 220° (Umluft 200°) vorheizen. Die Hähnchenunterschenkel kurz unter kaltem Wasser abwaschen und trocken tupfen. Den Knochen der Hähnchenschenkel im unteren Teil freiputzen. Dazu die Haut am Knochen knapp unterhalb des Fleischs ringsum einschneiden, dann den Knochen mit dem Messerrücken abschaben und die Haut dabei abziehen. So entsteht die typische Knüppelform.

2 Die Hähnchenschenkel jeweils mit etwas Olivenöl einreiben, mit Salz würzen und in einen flachen Bräter oder auf ein Backblech legen. Im heißen Backofen (Mitte) ca. 15 Min. braten.

3 Sobald die Hähnchenschenkel im Backofen sind, für die Kartoffelmayonnaise die Kartoffeln schälen und mit wenig Wasser zum Kochen bringen. Dann die Kartoffeln zugedeckt in ca. 20 Min. weich kochen.

4 Inzwischen für die Räuberknüppel den Rosmarinzweig waschen, trocken schütteln und die Nadeln abstreifen. Nach 15 Min. Garzeit die Hähnchenschenkel mit dem Rosmarin bestreuen, anschließend im heißen Ofen in weiteren 10 Min. goldbraun braten. Hähnchen aus dem Backofen nehmen und etwas abkühlen lassen.

5 Für die Kartoffel-Mayonnaise die gegarten Kartoffeln abgießen, dann mit 50 ml Gemüsebrühe und Olivenöl in einen hohen Becher geben und mit dem Pürierstab fein pürieren. Falls nötig, mehr Brühe dazugießen. Die Zitronenhälfte heiß abwaschen und trocken tupfen. 1 TL Schale abreiben und mit der Crème fraîche unterrühren. Nun die Kartoffelmayonnaise mit Salz, eventuell einen Spritzer Zitronensaft und vielleicht etwas Pfeffer abschmecken. Sie sollte einen leicht säuerlichen, herzhaften Geschmack haben. Wie's jetzt weitergeht, sagt Alexander Herrmann auf der rechten Seite.

Die Haut am Knochen knapp unterhalb des Fleischs ringsum einschneiden.

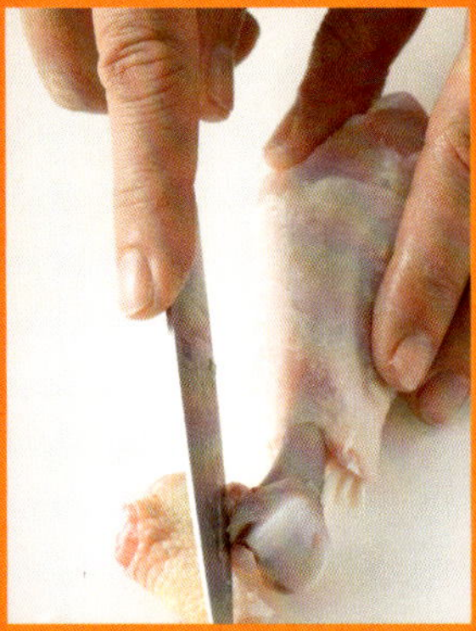

Die Haut lässt sich jetzt leicht entfernen.

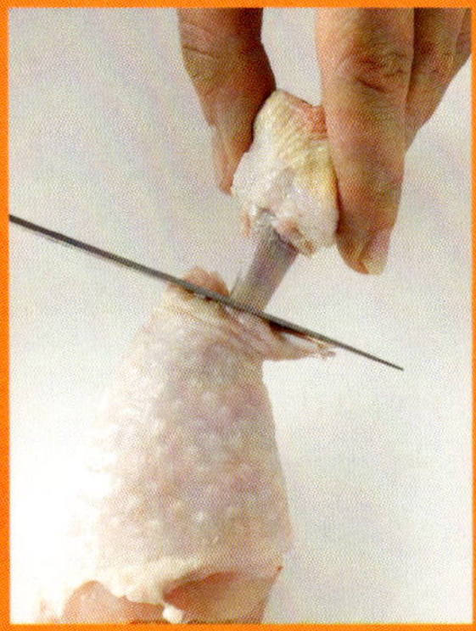

Nun den Knochen mit dem Messerrücken abschaben.

Die Hähnchenschenkel mit Olivenöl einreiben, mit Salz würzen und in einen flachen Bräter oder auf ein Backblech legen.

Für Erwachsene

Knoblauchwürzig schmecken die Hähnchenschenkel auch Mama und Papa. Dazu einfach mit den Hähnchenschenkeln auch 2–3 geschälte Knoblauchzehen im Ofen garen und mitservieren. Dazu passt hervorragend Tomatensalat: Schneiden Sie pro Person 1–2 Tomaten in Scheiben. Tomaten mit etwas Essig und Olivenöl sowie 1 klein gehackten Zwiebel marinieren und mit Salz und Pfeffer würzen. Zusätzliche Beilage für hungrige Esser sind Salzkartoffeln. Dafür ein paar Kartoffeln zusätzlich schälen und in Salzwasser mit den Kartoffeln für die Mayonnaise kochen. Kartoffeln abgießen, in etwas Butter schwenken und zu den Räuberknüppeln servieren.

Paul

Astronauten-Bonbon

Hähnchengeschnetzeltes in der Folie

1

2

4

5

Wie groß ist denn wohl Din-A-4? Alex sagt, so groß wie eine Seite aus einem großen Schulheft. Das kann ich natürlich nicht wissen. Denn ich habe ja gar keine Zeit, in die Schule zu gehen. Ich muss ja immer Alex helfen.

6

7

8

12

Zutaten für 2 Astronauten-Bonbons

1 1 kleines Hähnchenbrustfilet (ohne Haut)

2 8 Champignons

3 1 TL Butterschmalz

4 2 dünne Scheibe Räucherspeck

5 6 Cocktailtomaten

6 1 Romanasalatherz

7 10 kleine Mozzarellakugeln

8 6 Basilikumblätter

9 1 TL Rapsöl

10 Salz

Werkzeuge

11 Salatschleuder nach Belieben

12 2 Stück Alufolie (jeweils in Din-A-4-Größe)

Zubereitungszeit

30 Min.

1 Das Hähnchenbrustfilet unter kaltem Wasser kurz waschen, trocken tupfen und quer zur Faser in feine Streifen schneiden. Die Champignons mit einem weichen Tuch abreiben und das trockene Stielende jeweils abschneiden. Die Pilze in feine Scheiben schneiden.

2 In einer Pfanne das Butterschmalz stark erhitzen. Darin nach und nach die Hähnchenbruststreifen, Champignonscheiben und den Räucherspeck in insgesamt 5–6 Min. hellbraun anbraten. Alles aus der Pfanne nehmen, auf einen Teller geben und etwas abkühlen lassen.

3 Inzwischen den Backofen auf 180° (Umluft 160°) vorheizen. Die Cocktailtomaten waschen und halbieren. Den Romanasalat putzen und in Streifen schneiden. Salatstreifen waschen und trocken schleudern oder tupfen. Den Mozzarella abtropfen lassen. Basilikumblätter waschen und trocken tupfen.

4 Nun die beiden Stücke Alufolie mit je 1 gebratenen Speckscheibe in der Mitte belegen. Darauf jeweils die Hälfte des Romanasalats geben, sodass ein kleines Nest entsteht.

5 In die Mitte jedes Nests die Hälfte der gebratenen Hähnchen-Champignon-Mischung geben. Je 6 Tomatenhälften und 5 Mozzarellakugeln darauf setzen und zum Schluss je 3 Basilikumblätter auf die Tomaten und Mozzarellakugeln legen. Alles mit etwas Rapsöl beträufeln und mit Salz würzen.

6 Zum Verschließen des Bonbons die Längsseiten der Alufolie über der Füllung Kante auf Kante zusammennehmen und zusammen ca. 1 cm breit umklappen. Damit das Bonbon gut verschlossen ist, diese Folienkante noch zweimal umschlagen, dann glatt streichen. Nun die noch offenen Enden der Folie wie bei einem Bonbon eindrehen. Das zweite Bonbon ebenso verschließen.

7 Die Bonbons auf dem Rost im heißen Ofen (Mitte) 10–14 Min. garen. Anschließend aus dem Ofen nehmen und 2–3 Min. ruhen lassen. Wie die Bonbons jetzt am besten schmecken, verrät der Genuss-Sheriff auf der rechten Seite.

Faustregel beim Gemüseschneiden: Die Messerlänge richtet sich nach der Körpergröße.

Den Romanasalat vorsichtig in Streifen schneiden.

Hähnchen, Champignons, Tomaten und Mozzarellakugeln auf die Salatstreifen stapeln.

Passt! So sind die Astronauten-Bonbons optimal verschlossen.

Es ist kinderleicht, die leckere Füllung in Folie zu verpacken. Aber Ihr müsst aufpassen, wenn die fertigen Astronauten-Bonbons aus dem Ofen kommen. Denn sie sind sehr heiß. Legt die Bonbons am besten mit Topfhandschuhen auf Eure Teller. Dann vorsichtig öffnen. Oh, die Füllung duftet einfach wunderbar, ich esse gleich alles direkt aus der Folie ....

Für Erwachsene

... gibt's Hähnchengeschnetzeltes auf Blattsalat. Dafür den Romanasalat mit 1/2 Bund Rucola oder 1 kleinen Handvoll Radicchiostreifen mischen. Den Salat mit einer Vinaigrette aus Essig, Öl, Pfeffer und Salz in die Mitte des Tellers geben. Die halbierten Cocktailtomaten sowie die abgetropften Mozzarellakugeln dekorativ hineinsetzen. Die Basilikumblätter mit etwas Olivenöl im Mixer oder in einem hohen Becher mit dem Pürierstab zu Basilikumöl pürieren. Das in Streifen geschnittene Hähnchenbrustfilet mit den Champignons und dem Speck in der Pfanne kräftig braten. Noch warm über den Salat geben. Alles mit dem Basilikumöl beträufeln. Wer möchte, gibt noch einige Parmesanspäne oder geröstete Brotcroûtons auf den Salat.

Rakete

Zucchinischnitzel mit Tomatensalat

1

3

5

Kauft am besten Eiertomaten! Die haben eine schöne Spitze. Für die Rakete ideal! Außerdem sind sie nicht so kugelig, eher ein bisschen schmaler, so wie Zucchini. Und wenn Zucchini und Tomaten den gleichen Durchmesser haben, wird die Rakete schön gleichmäßig.

6

8

10

11

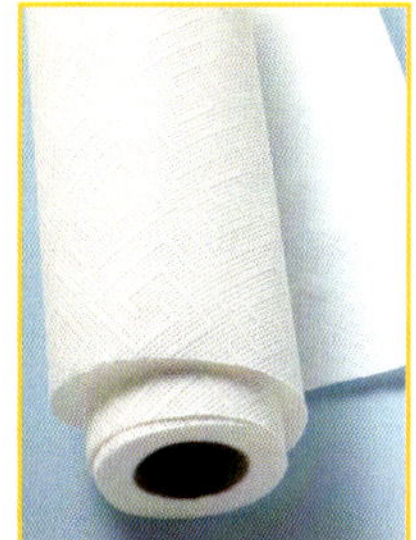

13

Zutaten für 2 Raketen

1 3 Strauchtomaten (am besten Eiertomaten)
2 1 TL Weißweinessig
3 1 EL Rapsöl
4 Salz
5 1 Zucchino
6 1 EL Mehl
7 4 EL Semmelbrösel
8 1 Ei (Größe M)
9 3 EL Butterschmalz
10 2 Stängel Basilikum
11 2 EL saure Sahne

Werkzeuge

12 kleines, spitzes Messer
13 Küchenkrepppapier

Zubereitungszeit

30 Min.

1 Die Tomaten waschen, 2 Tomaten quer halbieren. Die beiden Hälften ohne den Stielansatz zur Seite legen, sie werden später als Raketenspitzen gebraucht. Perfektionisten schneiden schon jetzt mit einem kleinen spitzen Messer Fenster in diese Raketenspitzen. Von den übrigen Tomaten den Stielansatz rausschneiden. Die Tomaten dann in 1/2 cm dicke Scheiben schneiden. Die Scheiben auf einem Teller auslegen.

2 Den Weißweinessig und das Rapsöl zu einer Marinade verrühren. Die Tomatenscheiben damit beträufeln und etwas salzen.

3 Den Zucchino waschen, putzen und in 1 cm dicke Scheiben schneiden. Zum Panieren das Mehl und die Semmelbrösel jeweils in tiefe Teller geben. In einem dritten Teller das Ei aufschlagen und verquirlen.

4 Nun die Zucchinischeiben etwas salzen, im Mehl wenden, durch das Ei ziehen und zum Schluss in die Semmelbrösel legen und von allen Seiten gut damit bedecken.

5 In einer Pfanne das Butterschmalz bei mittlerer Hitze erhitzen und die panierten Zucchinischeiben von beiden Seiten in 3 Min. goldbraun braten. Auf einem Küchenkrepp abtropfen lassen. So werden die Zucchinischnitzel noch knuspriger.

6 Basilikum waschen und trocken schütteln. Die Blätter abzupfen, übereinanderlegen und dann in feine Streifen schneiden. Die saure Sahne mit etwas Salz würzen. Wie's jetzt weitergeht, sagt Alexander Herrmann auf der rechten Seite.

Den Zucchino in dicke Scheiben schneiden.

Das Ei in einem tiefen Teller aufschlagen und verquirlen.

Die gesalzenen Zucchinischeiben erst im Mehl wenden, dann durch das Ei ziehen und zum Schluss in die Semmelbrösel legen und gut damit bedecken.

Die panierten Zucchinischnitzel im heißen Butterschmalz goldbraun braten.

Der Countdown läuft: Drei! Zwei! Eins! Null! Schon saust die Rakete vom Teller in meinen Mund.

Die Basilikumstreifen auf die Teller streuen. Für jede Rakete 1 Zucchinischnitzel vierteln und beiseitelegen. Die restlichen abwechselnd mit den Tomatenscheiben übereinander stapeln. Am besten tupft Ihr die Tomatenscheiben vorher mit Küchenkrepp ab. Sonst weicht die knusprige Panade auf. Tomatenhälften als Raketenspitze darauf setzen. Klebt nun noch die Schnitzelviertel mit der sauren Sahne als Flügel an. Fertig!

Für Erwachsene

...verwandelt sich die Rakete in eine kleine, feine Vorspeise: Dafür die marinierten Tomaten und die gebratenen Zucchinischnitzel nicht übereinanderstapeln, sondern leicht überlappend abwechselnd auf einem Teller wie ein Carpaccio auslegen. In die Mitte 2–3 Scheiben hauchdünn geschnittenen Parmaschinken geben. Die saure Sahne mit etwas Olivenöl glatt rühren und mit ein paar Tropfen Zitronensaft und mit viel schwarzem Pfeffer würzig abschmecken. Saure Sahne über das Carpaccio träufeln und mit Basilikumstreifen garnieren.

Haiflossen im weiß-grünen Meer

Fischschnitzel mit Gurkengemüse

ZUTATEN FÜR 2 PORTIONEN

1 1 Salatgurke

2 2 Lachsfiletstreifen (à ca. 120 g; ca. 2 cm breit)

3 1 EL Mehl

4 4 EL Semmelbrösel

5 1 Ei (Größe M)

6 Salz

7 3 EL Butterschmalz

8 1 EL Crème fraîche

9 1–2 TL Zitronensaft

WERKZEUGE

10 1 Sparschäler

11 Pürierstab

12 Küchenkrepppapier

ZUBEREITUNGSZEIT

25 Min.

1

2

4

5

8

9

Gurke als Gemüse – das ist auch schon wieder so etwas Merkwürdiges, was sich Alex ausgedacht hat. Ich kannte Gurken nur im Salat. Aber warm schmecken sie mir auch gut. Vor allem, wenn eine Haiflosse drin schwimmt.

10

11

1 Die Salatgurke mit einem Sparschäler schälen und die Enden abschneiden. Nun mit dem Sparschäler über die ganze Länge der Gurke lange, breite Streifen abziehen. Dabei die Gurke nach jedem Streifen ein bisschen weiterdrehen. Auf diese Weise das gesamte feste Fruchtfleisch abschneiden, sodass nur die Mitte aus Kernen übrig bleibt. Diese werden nicht verwendet. Die Gurkenstreifen beiseitestellen.

2 Die Lachsfilets zunächst in der Mitte (dort wo sie am dicksten sind) teilen, sodass je 2 Haiflossen entstehen. Zum Panieren das Mehl und die Semmelbrösel jeweils in tiefe Teller geben. In einem dritten Teller das Ei aufschlagen und verquirlen. Nun die Lachsfiletstücke salzen, dann im Mehl wenden, durch das Ei ziehen und zum Schluss in die Semmelbrösel legen und von allen Seiten gut damit bedecken.

3 In einer Pfanne das Butterschmalz bei mittlerer Hitze erhitzen und die panierten Lachsfiletstücke darin rundherum in 5–7 Min. goldbraun braten. Auf Küchenkrepp abtropfen lassen.

4 Die vorbereiteten Gurkenstreifen mit der Crème fraîche und 1 Prise Salz in einen Topf geben und bei mittlerer Hitze langsam erwärmen. Sobald die Gurken zu dampfen beginnen, den Topf vom Herd ziehen. Die Gurkenstreifen sollen auf jeden Fall al dente bleiben. Die Gurkenstreifen mit wenigen Tropfen Zitronensaft beträufeln und abschmecken. Wie jetzt die Haiflossen im weiß-grünen Meer verschwinden, verrät der Genuss-Sheriff auf der rechten Seite.

Hände her!

Das Gurken-Meer machen – das ist für Euch doch sicher eine Kleinigkeit. Dafür müsst Ihr zunächst die Salatgurke mit dem Sparschäler schälen. Weg mit der grünen Schale! Dann schneidet Ihr die Enden der Gurke ab. Und nun müsst Ihr mit dem Sparschäler über die ganze Länge der Gurke lange, breite Streifen abziehen. Die Streifen sollen aussehen wie sehr breite Gurken-Bandnudeln. Nach jedem Streifen die Gurke ein bisschen weiterdrehen und einen neuen Streifen abschälen. Irgendwann habt Ihr das ganze Gurken-Fruchtfleisch in Streifen verwandelt. Es bleibt nur noch die Mitte mit lauter Kernen übrig. Die wird für unser Meer aber nicht gebraucht.

Haifischalarm!
Dafür auf großen Tellern die Gurkenstreifen wie Meereswellen auslegen, die Haiflossen mit der Spitze nach oben dazwischenstecken. Den Gurken-Crème-fraîche-Sud, der im Topf übrigbleibt, mit einem Pürierstab einmal kurz schaumig mixen und über die Gurkenstreifen träufeln. Mmhh, von Haifischflossen und Meer-Gurken ziehe ich mir gleich mal eine große Portion an Land!

Für Erwachsene

… gibt's Lachs aus dem Ofen mit Gurkennudeln. Dafür den Backofen auf 80° (Umluft 70°) vorheizen. Pro Genießer 1 Lachsfilet (à 120–150 g) mit Salz und Pfeffer würzen und in etwas Butterschmalz von beiden Seiten kurz hellbraun anbraten. Den Lachs nun auf einen Teller geben und im vorgeheizten Ofen in 5 Min. fertig garen. Die Gurkenstreifen wie oben beschrieben zubereiten und zusätzlich mit etwas fein gehacktem Knoblauch und Dill abrunden. Zum Anrichten die Gurkenstreifen wie Bandnudeln mit einer Gabel und einem Löffel aufwickeln und auf die Teller setzen. Für den Lachs 1 EL Butter schmelzen, leicht bräunen lassen und mit ein paar Tropfen Zitronensaft abschmecken. Den Lachs neben die Gurkennester setzen und mit der Zitronenbutter beträufeln.

Insel mit Palmen

Schnitzel in Rahmsauce mit Brokkoli

1

4

7

Zu klein dürfen die Brokkoliröschen nicht sein, sagt Alex. Denn auf der Insel sollen ja keine Mini-Bäumchen stehen, sondern schöne, grüne Palmen. Stimmt!

10

12

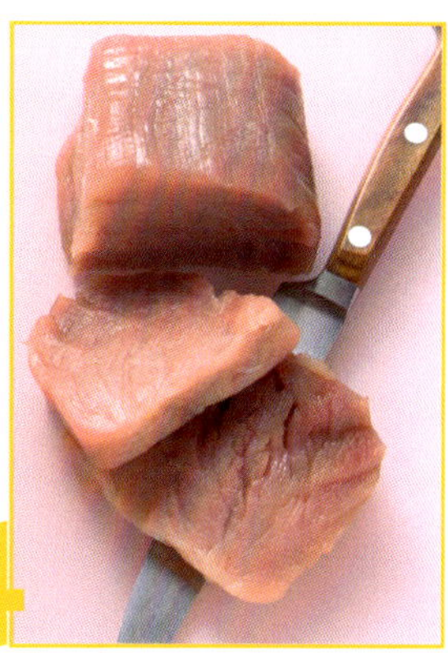

14

Zutaten für 2 Inseln

Für das Püree

1 3–4 mittelgroße, mehligkochende Kartoffeln
2 Salz
3 1 EL Butter
4 1 Schuss Milch
5 frisch geriebene Muskatnuss

Für die Rahmsauce

6 1 Stange Lauch
7 4 Champignons
8 1 TL Butter
9 150 ml Gemüsebrühe
10 150 g Sahne
11 Salz

Außerdem

12 6–8 Brokkoliröschen
13 1 TL Butterschmalz
14 2 Schweinemedaillons (à 70 g, Lende oder Filet)
15 Salz, Pfeffer

Werkzeuge

16 Kartoffelstampfer
17 ofenfeste Pfanne
18 Pürierstab

Zubereitungszeit

45 Min.

1 Für das Püree die Kartoffeln schälen und mit wenig Wasser und 1 Prise Salz zum Kochen bringen. Dann die Kartoffeln zugedeckt in ca. 20 Min. weich kochen.

2 Inzwischen für die Rahmsauce den Lauch putzen, waschen und das Weiße in feine Streifen schneiden, das Grüne für ein anderes Gericht verwenden. Die Champignons mit einem weichen Tuch abreiben und das trockene Stielende jeweils abschneiden. Die Pilze in feine Scheiben schneiden. In einem kleinen Topf die Butter bei mittlerer Hitze erhitzen und darin die Lauchstreifen und die Champignons ca. 2 Min. anschwitzen, aber nicht braun braten. Dann Lauch und Champignons mit der Gemüsebrühe ablöschen. Die Sahne angießen. Alles zugedeckt 5–7 Min. köcheln lassen. Dann mit einem Pürierstab pürieren, mit etwas Salz abschmecken und beiseitestellen.

3 Für die Inselpalmen die Brokkoliröschen putzen und waschen. Den Stielansatz gerade abschneiden, damit die Brokkoliröschen später als Palmen auf der Fleisch-Kartoffelpüree-Insel gut stehen können. Den Backofen auf 100° (Umluft 80°) vorheizen.

4 Die gegarten Kartoffeln abgießen. Kartoffeln etwas ausdampfen lassen, dann mit dem Kartoffelstampfer fein zerdrücken, dabei die Butter untermischen. Die Milch erhitzen und portionsweise mit einem Schneebesen oder Kochlöffel unter die zerdrückten Kartoffeln rühren, bis ein cremiges Püree entsteht. Kartoffelpüree mit 1 Prise Salz und Muskat abschmecken und bis zum Servieren im zugedeckten Topf warm halten.

5 Inzwischen in einer ofenfesten Pfanne das Butterschmalz bei mittlerer Hitze erhitzen. Die Schweinemedaillons mit Salz und Pfeffer von beiden Seiten würzen und im Butterschmalz auf jeder Seite in 2–3 Min. hellbraun anbraten. Anschließend mit der Pfanne in den heißen Backofen stellen und in 7–10 Min. fertig garen. Auf diese Weise garen die Medaillons schonend und bleiben schön saftig.

6 Wenn das Fleisch im Backofen gart, 4–5 EL Wasser mit 1 Prise Salz in einem Topf zum Kochen bringen. Die Brokkoliröschen darin zugedeckt in 3–4 Min. bissfest dünsten. Wie eine einsame Insel mit Palmen entsteht, verrät der Genuss-Sheriff auf der rechten Seite. Und unten wird eine ganze Inselgruppe in einer großen Pfanne arrangiert.

Küchenprofis geben das Kartoffelpüree mit einem Spritzbeutel auf die Schnitzel.

Die gegarten Brokkoliröschen abgießen und in das Püree stellen.

Jede Insel bietet auf jeden Fall Platz für mehrere Palmen.

Rahmsauce mit dem Pürierstab aufschäumen und dann rund um die Inseln in die Pfanne gießen.

Seid Ihr reif für eine einsame Insel? Dann legt Ihr jedes Schnitzel auf einen extra Teller. Nun etwas Kartoffelpüree daraufhäufeln. Die Brokkoliröschen abgießen und als Palmen in das Püree stellen. Die Rahmsauce kurz unter Rühren erhitzen, mit dem Pürierstab schaumig aufschlagen und rund um jedes Medaillon gießen. Und morgen mache ich in einer Pfanne wieder ein Meer mit vielen Inseln.

Für Erwachsene

Für große Genießer darf die Rahmsauce mit trockenem Weißwein abgeschmeckt und zusätzlich mit Kräutern wie fein gehackter Petersilie oder Schnittlauchröllchen verfeinert werden. Zu den saftig gegarten Medaillons passt zusätzlich noch eine Pilzpfanne. Dazu ca. 500 g gemischte Pilze wie Champignons, Egerlinge und Austernpilze putzen und vierteln oder in Streifen schneiden. Die Pilze in etwas Butterschmalz mit 1 kleinen gewürfelten Zwiebel andünsten und leicht braun anbraten. Wer es deftiger mag, brät mit der Zwiebel noch 2–3 EL Räucherspeckwürfelchen an. Die Schweinerückenmedaillons auf die Teller geben, das Püree daneben setzen, das Fleisch mit der Sauce übergießen und darüber die Pilze geben. Brokkoli als Gemüse dazu servieren.

Puddingsee

Puddingfondue mit Obst

1

Oh, ich kann mich kaum entscheiden. Welche Früchte soll ich im Puddingsee schwimmen lassen? Am liebsten würde ich alles durchprobieren. Alex sagt, ich soll Obst nehmen, das gerade bei uns Saison hat: z. B. Beeren im Sommer oder Birnen im Herbst. Ach, Alex ist immer sooo vernünftig.

3

4

6

Zutaten für 4 Portionen

1. 500 g gemischtes Obst nach Saison und Vorlieben (z. B. Erdbeeren, Himbeeren, Melone, Weintrauben, Nektarine, Pfirsich, Banane, Apfel, Birne, Kiwi usw.)
2. 1–2 EL Zitronensaft
3. 1 Pck. Vanillepuddingpulver (zum Kochen; für 1/2 l Milch)
4. 1/2 l Milch
5. 4 EL Zucker
6. 1 Vanilleschote
7. 100 g Sahne

Werkzeuge

8. Fonduetopf und Rechaud oder feuerfeste Schüssel und Stövchen
9. Holzspieße oder Fonduegabeln
10. Rechaud bzw. Stövchen

Zubereitungszeit

20 Min.

1 Das Obst vorbereiten und je nach Sorte waschen oder schälen, putzen und entkernen. Alle Obstsorten in (kinder-)mundgerechte Stücke schneiden. Wer möchte, kann aus Kiwi oder Melone auch mit entsprechenden Ausstechern Blümchen und andere Formen ausstechen.

2 Alle Obststückchen mit Zitronensaft beträufeln, damit sie nicht verfärben. Das ist vor allem bei Äpfeln, Birnen und Bananen sehr wichtig, sie werden sonst braun. Obststückchen nach Wunsch schon jetzt auf Holzspieße oder Fonduegabeln stecken. Obst mit Folie bedecken und kühl stellen.

3 Puddingpulver nach Packungsanweisung mit 3–4 EL Milch anrühren. Restliche Milch mit dem Zucker in einen Topf geben. Die Vanilleschote längs aufritzen und mit dem Messerrücken das Mark herauskratzen.

4 Vanilleschote und -mark zur Milch in den Topf geben. Nun die Milch aufkochen lassen. Sobald die Milch kocht, den Topf vom Herd ziehen. Die Vanilleschote entfernen und unter ständigem Rühren das angerührte Puddingpulver untermischen. Nun den Topf zurück auf die Herdplatte stellen und den Pudding unter weiterem Rühren einmal aufkochen lassen. Vorsicht: Der Pudding brennt leicht an!

5 Dann den Pudding vom Herd nehmen und die Sahne unterrühren. So bekommt das Puddingfondue eine cremige Konsistenz. Wie's jetzt mit Obst und Puddingsee weitergeht, verrät der Genuss-Sheriff auf der rechten Seite.

Das Obst nach Appetit und Supermarktangebot auswählen. Bei den Weintrauben eignen sich die ohne Kern am besten.

Mit einem Tafelmesser schneidet Ihr jede Frucht in appetitliche Stückchen.

Welche Frucht als erstes im Puddingsee schwimmen soll? Schwer zu sagen. Alle sind lecker.

Gar nicht schlimm, wenn das Obst schon beim Vorbereiten im Mund verschwindet.

Lasst die Früchtchen im Puddingsee baden! Dazu den warmen Pudding in eine Schüssel geben und sicher auf ein Stövchen stellen. Jetzt eine kleine Flamme unter dem Pudding entzünden. Vorsicht: Den Topf nicht zu heiß werden lassen, sonst brennt der schöne Puddingsee an. Obst dazu servieren. Jeder bekommt eine Fonduegabel oder ein Holzstäbchen und schon geht's los: Obst aufspießen, eintauchen und ab damit in den Mund!

Für Erwachsene

… wird aus dem Puddingsee ein feines Dessert. Dazu vier hohe Trinkgläser bereitstellen. Das klein geschnittene Obst mischen. Den noch warmen Pudding nur mit 50 g Sahne verrühren, dann abwechselnd mit den gemischten Früchten in die Gläser einschichten. Dabei mit einer Puddingschicht anfangen und aufhören. Die Gläser kalt stellen und zum Dessert servieren – das schmeckt allen!

Schlumpf-Beerenshake

Blaubeer-Smoothie

1

2

Heidelbeeren sind supergesund, sagt Alex. Richtige Fitmacher mit reichlich Vitaminen und Mineralstoffen. Von mir aus! Hauptsache, die Vitamine schmecken so lecker wie im Schlumpf-Shake. Dann finde ich sie auch super.

3

4

8

9

Zutaten für 2 Schlumpf-Beerenshakes

Für die Beerenshakes

1 1/2 Zitrone

2 70 g TK-Heidelbeeren

3 200 ml Milch

4 1/2 EL Puderzucker

Für die Dekoration

5 1 Babybanane oder 1/2 Banane

6 6 frische oder TK-Heidelbeeren

Werkzeuge

7 Saftpresse

8 Holzspießchen

9 Mixer oder Pürierstab

10 2 Gläser, am besten Longdrinkgläser

11 Trinkhalme

Zubereitungszeit

5 Min.

1 Für die Schlumpf-Beerenshakes die Zitronenhälfte auf der Saftpresse auspressen. Die Heidelbeeren noch im Tiefkühlfach lassen. Sie sollen wirklich eiskalt verarbeitet werden.

2 Für die Dekoration die Banane schälen, längs halbieren und mit etwas Zitronensaft beträufeln. Frische Heidelbeeren waschen bzw. TK-Heidelbeeren auftauen lassen. Je 1/2 Babybanane und 3 Heidelbeeren auf Holzspießchen stecken.

3 Für den Shake die gefrorenen Heidelbeeren zusammen mit dem restlichen Zitronensaft, der Milch und dem Puderzucker im Mixer oder in einem hohen Becher mit dem Pürierstab pürieren. Die Mischung 1–2 Min. durchmixen. So bekommt der Smoothie eine cremige und vor allem luftige Konsistenz. Wie's jetzt weitergeht, verrät der Genuss-Sheriff auf der rechten Seite.

Schnelle Varianten: Natürlich lässt sich der Drink auch mit anderen tiefgekühlten Beeren machen (s. Tipp unten). Und auch bei der Milch darf variiert werden. Mit Joghurt oder Kefir schmeckt der Smoothie ebenfalls gut. Und wer keine Milchprodukte verträgt, nimmt Hafermilch oder Sojamilch.

SuperTipp

Ihr sucht einen passenden Drink für kleine Prinzessinnen? Dann macht Ihr den Schlumpf-Beerenshake am besten mal mit Himbeeren. So entsteht ein rosafarbener Smoothie – einfach edel! Und wenn Ihr nun noch Lust habt, könnt Ihr den Drink mit einem Kokosrand garnieren. Dazu Kokosraspeln aus der Tüte auf einen kleinen Teller schütten. Einen Glasrand anfeuchten und dann in die Kokosraspeln stippen. Nun den Drink ins Glas einfüllen. Mit dem Cocktail in Pink beeindruckt Ihr nicht nur Prinzessinnen!

Nach dem Mixen den Schlumpf-Beerenshake in die Gläser gießen. 1–2 dicke Strohhalme hineinstecken, die Fruchtspießchen über den Rand legen und den Shake sofort servieren. Und jetzt darf geschlürft werden. Hey, das ist ja mal der richtige Drink für coole Typen wie mich!

Für Erwachsene

Großen Genießern schmeckt der Fitmacher-Drink als erfrischendes Sommerdessert, zur blauen Stunde oder als cooler Muntermacher nach dem Joggen. Die Mengen für den Schlumpf-Beerenshake lassen sich ganz einfach vervielfachen. Kalorienärmer wird der Drink, wenn Sie statt Vollmilch fettreduzierte Milch verwenden. So dürfen Sie den blau-lila Cocktail auch während einer Diät genießen.

Fruchtige Sonnenblume

Schokofrüchte

Das sind meine Lieblingsbeeren. Und im Juni schmecken sie mir am besten – so richtig süß und saulecker. Weil die Erdbeeren dann keine weite Reise gemacht haben, sondern gleich nebenan gepflückt werden können.

1

2

3

4

5

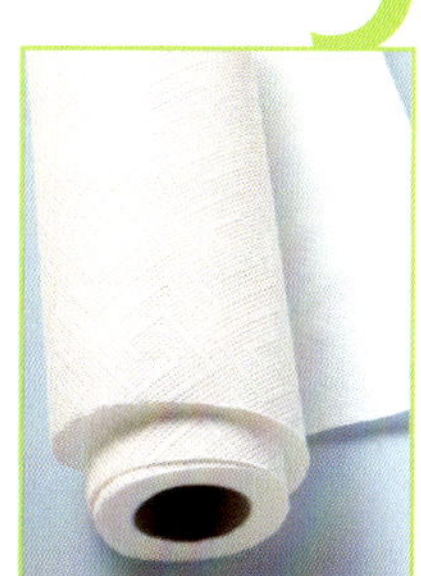

Zutaten für 4 kleine Sonnenblumen

1 24 Physalis (Kapstachelbeeren)

2 4 Erdbeeren

3 50 g dunkle Kuvertüre

4 2 EL Kokosraspel

Werkzeuge

5 Küchenkrepppapier

6 Backpapier

Zubereitungszeit

25 Min.

1 Die Blätter der Physalis auseinander ziehen, zurückstreichen und vorsichtig verdrehen.

2 Die Erdbeeren vorsichtig gründlich waschen, damit sie nicht zerdrücken. Dann die Erdbeeren auf ein Küchenkrepp geben und sorgfältig trocken tupfen.

3 Die Kuvertüre klein schneiden und in eine Edelstahlschüssel mit Griff geben. Anschließend Wasser in einem weiten Topf, auf den die Edelstahlschüssel passt, bis kurz vor den Siedepunkt erhitzen. Die Schüssel über das heiße Wasserbad setzen und die Kuvertüre auf diese Weise unter gelegentlichem Rühren schmelzen.

4 Die Kokosraspel in eine kleine Schüssel geben. Nun je 1 Physalis an den Blättern fassen, die Frucht in die Kuvertüre tauchen und anschließend in den Kokosraspeln wälzen. Physalis zum Trocknen auf Backpapier legen. Nun nacheinander die restlichen Physalis in die Schokolade tauchen, in den Kokosraspeln wälzen und auf Backpapier trocknen lassen. Wer's eilig hat, stellt die fertigen Früchte zum schnelleren Abkühlen in den Kühlschrank.

5 Die gut trocken getupften Erdbeeren nun nach Belieben ebenfalls mit der Spitze in die Kuvertüre tauchen und jeweils vorsichtig mit der Spitze nach oben und dem Blütenkelch nach unten auf einen Teller setzen. Fertige Schoko-Erdbeeren zum schnelleren Trocknen der Kuvertüre wie die Physalis in den Kühlschrank stellen. Wichtig: Die Schokofrüchte ca. 1/2 Std. vor dem Genuss aus dem Kühlschrank nehmen. Wie's jetzt weitergeht, sagt Alexander Herrmann auf der rechten Seite.

Die Blätter der Physalis auseinander ziehen und zurückstreichen.

Die Kuvertüre klein schneiden, am besten mit einem großen Messer.

Die Schüssel mit der Kuvertüre in ein heißes Wasserbad setzen. Kuvertüre unter gelegentlichem Rühren schmelzen.

Früchte mit der Schokoladenseite in die Kokosraspel dippen. Das können auch gut kleine Helfer übernehmen.

Für Erwachsene

Schokofrüchte lieben auch große Naschkatzen, z. B. als süßes Fingerfood nach einem schönen Menü. Oder die Früchte einfach mal als Konfekt zum Knabbern servieren. Wer Pralinen mag, greift auch da gern zu. Und spart beim Genießen jede Menge Kalorien!

Maus

Beerencreme-Eis mit Limetten-Joghurt-Schaum

1

2

3

4

Den Pürierstab braucht Alex nicht nur zum Eismachen, sondern auch, um den Joghurt schaumig aufzumixen: Luft zum Löffeln mit Joghurt drumherum - eine tolle Idee!

5

6

8

Zutaten für 2 Mäuse

1. 1 Limette
2. 150 g Naturjoghurt
3. 4–5 TL Puderzucker
4. 120 g TK-Beerenmix (z.B. aus Johannisbeeren, Himbeeren, Erdbeeren usw.)
5. ca. 70 ml Milch
6. 2 Minzezweige

Werkzeuge

7. Saftpresse
8. Pürierstab

Zubereitungszeit

15 Min.

1 Die Limette auf der Saftpresse auspressen. Den Joghurt mit 2 TL Puderzucker in einem hohen Gefäß mit dem Pürierstab kurz schaumig mixen. Den Joghurtschaum mit etwas Limettensaft leicht säuerlich abschmecken, nach Belieben noch etwas nachsüßen.

2 Für die spätere Maus aus dem tiefgefrorenen Beerenmix 4 schwarze Johannisbeeren für die Augen und 2 Erdbeeren für die Öhrchen aussuchen und beiseitelegen. Die Beeren dürfen ruhig auftauen.

3 Die restlichen tiefgefrorenen Beeren in einen hohen Becher geben, mind. 2 EL Puderzucker sowie die Milch hinzufügen und alles mit dem Pürierstab langsam, aber stetig, von oben nach unten drückend, zu einem cremigen Eis pürieren. Wenn das Eis zu fest wird, noch ein bisschen Milch hinzugießen. Ist es zu flüssig, einfach noch ein paar tiefgefrorene Beeren untermixen.

4 Das fertige Eis nach dem Pürieren sofort servieren. Im Tiefkühlfach lässt es sich maximal 5 Min. aufheben, da sich sonst Eiskristalle bilden. Dann wird das Beereneis zu fest. Wie's jetzt weitergeht, sagen Alexander Herrmann und der Genuss-Sheriff auf der rechten Seite.

Die tiefgefrorenen Beeren in einen hohen Becher füllen.

Dann 2 EL Puderzucker darüberstreuen und die Milch dazugießen.

Jetzt die Mischung langsam, aber stetig zu einem cremigen Eis pürieren.

Mit einem angefeuchteten Esslöffel lassen sich die Beereneis-Nocken am besten formen.

Als erstes den Joghurt-Schaum auf zwei Schalen aufteilen. Einen Esslöffel in warmes Wasser tauchen und damit für jede Schale 1 große Nocke von dem Beerencreme-Eis abstechen. Setzt die Nocke dekorativ in die Mitte des Joghurts.

Von mir bekommt jetzt jede Nocke noch 2 Johannisbeeren als Augen. Dann schneide ich die Erdbeeren in zwei Hälften und setze sie als Öhrchen dahinter. Jetzt noch 1 Minzezweig als Schwänzchen anstecken oder auch 1 Johannisbeerrispe. Fertig ist die süße Maus!

Für grosse Geniesser

... das Beerencreme-Eis mit einem Schuss Sekt zubereiten: eine herrliche Erfrischung, die auch Gästen schmeckt. Wenn's ein paar Kalorien mehr sein dürfen, zusätzlich die Milch gegen Sahne tauschen. Das cremige Beeren-Sekt-Eis ebenfalls sofort servieren – in Nocken und auf Limetten-Joghurt-Schaum.

Eistiger

Bananen-Quark-Eis am Stiel

1

2

3

5

Für den Eistiger am Stiel braucht Ihr Holzstäbchen. Die gibt's in großen Supermärkten, sagt Alex. Ihr könnt aber auch Plastikstäbchen nehmen. Sogar kleine Plastiklöffel eignen sich. Wichtig ist doch nur, dass nachher Eis drumherum ist.

8

9

Zutaten für 4 Eistiger

1 1 Zitrone

2 2 kleine Bananen (150–200 g)

3 200 g Quark

4 1 EL Zucker

5 2 EL Trinkschokoladenpulver

Werkzeuge

6 Saftpresse

7 Gabel oder Kartoffelstampfer

8 4 Eisförmchen oder Espressotassen oder schmale Gläser

9 4 Holzstäbchen

Zubereitungszeit

15 Min.

Gefrierzeit

12 Std. oder über Nacht

1 Die Zitrone halbieren und den Saft auf der Saftpresse auspressen. Die Bananen schälen und mit einer Gabel in einer Schüssel fein zerdrücken. Oder Bananen auf einen flachen Teller legen und mit dem Kartoffelstampfer fein zermusen.

2 Das Bananenmus sofort in einer Schüssel mit dem Zitronensaft, dem Quark und dem Zucker vermischen.

3 Die Hälfte des Bananenquarks in eine zweite Schüssel geben und sorgfältig mit dem Trinkschokoladenpulver verrühren. Der Schoko-Quark soll jetzt gleichmäßig braun gefärbt sein.

4 Nun in jede Espressotasse oder jedes Förmchen oder Glas abwechselnd 1 EL weißen Quark und 1 EL Schoko-Quark schichten, bis die Tassen bis zum Rand gefüllt sind. Nun in die Mitte jeweils 1 Holzstäbchen stecken. Die Tassen, Förmchen oder Gläser in das Tiefkühlfach stellen und dort mindestens 12 Std. gefrieren lassen. Wie's jetzt weitergeht, verrät der Genuss-Sheriff auf der rechten Seite.

SuperTipp

Keine Lust auf coole Tiger? Dann macht nächstes Mal einen Eisdalmatiner. Dafür den dunklen Quark in einen Spritzbeutel füllen und in Tupfen unter den Bananenquark spritzen, sodass Dalmatinerpunkte entstehen. Oder wie wär's mit einem Zebra? Dafür die Hälfte des Bananenquarks mit mindestens 3 EL Kakaopulver verrühren, sodass er noch dunkler gefärbt wird. Jetzt braucht Ihr etwas Zeit. Je 1 EL Schoko-Quark glatt in die Förmchen streichen und im Tiefkühlfach anfrieren lassen. Erst dann 1 EL weißen Quark darüberstreichen und wieder kurz anfrieren lassen. Die Schichten sollen sich nicht vermischen, sodass Zebrastreifen entstehen.

!

So zaubert Ihr den Eistiger her: Espressotassen, Gläser oder Förmchen aus dem Tiefkühlfach holen und jeweils in eine Schüssel mit heißem Wasser tauchen. Passt dabei gut auf, dass kein Wasser ins Eis reinläuft! Nun könnt Ihr den Eistiger am Stiel ganz schnell aus dem Förmchen ziehen. Und dann langsam mit viel Genuss wegschlecken!

Für Erwachsene

Auch große Genießer mögen gern Bananeneis. Im Winter den Eistiger mal als schnelles Dessert servieren: Dafür Bananen- und Schoko-Quark wie oben beschrieben zubereiten, abwechselnd in vier schöne Glasschälchen schichten und sofort servieren.

Kratzeis

Kirschsorbet mit Vanillesahne

Igitt, sind die Kir-
schen nicht schrecklich
sauer? Nein, sagt Alex, die sind
errlich sauer. Ich geb's nicht gern
u, aber Alex hat recht. Als Kratzeis
schmecken Sauerkirschen ein-
fach herrlich.

1

2

3

4

5

11

6

Zutaten für 4 Portionen

Für das Sorbet

1 400 g Sauerkirschen (oder Sauerkirschen aus dem Glas)

2 4 Orangen

3 2 EL brauner Zucker

Für die Vanillesahne

4 2 Vanilleschoten

5 400 g Sahne

6 2–3 EL Puderzucker

Werkzeuge

7 Saftpresse

8 Pürierstab

9 Sieb nach Belieben

10 kleine, kältefeste Auflaufform

11 Handrührgerät

Zubereitungszeit

35 Min.

Ruhezeit

12 Std.

1 Frische Sauerkirschen waschen, entstielen und entkernen. Sauerkirschen aus dem Glas abtropfen lassen.

2 Die Orangen halbieren und den Saft auf der Saftpresse auspressen. Sauerkirschen, Orangensaft und braunen Zucker in einem hohen Becher mit dem Pürierstab fein pürieren. Wer Fruchtstückchen mag, füllt die Sauerkirschen nun in eine kleine Auflaufform. Wer's feiner haben möchte, gibt das Kirschpüree durch ein feines Sieb in die Form. In jedem Fall das Fruchtpüree zugedeckt im Tiefkühlfach über Nacht gefrieren lassen.

3 Am nächsten Tag die Vanilleschoten längs aufritzen und mit dem Messerrücken das Vanillemark herauskratzen. Die Sahne mit dem Mark der Vanilleschoten und dem Puderzucker mit einem Handrührgerät cremig – nicht ganz steif – schlagen. Sahne nun zusammen mit dem Kratzeis – wie unten beschrieben – in Extra-Schälchen servieren. Oder Kratzeis in der Auflaufform auf den Tisch stellen und mit der Sahne genießen. Wie das funktioniert, verrät der Genuss-Sheriff auf der rechten Seite.

Hände her!

Wollt Ihr das Kratzeis mit der Sahne in Schälchen anrichten? So gibt's für jeden eine Extraportion: Nehmt das Kratzeis aus dem Tiefkühler und lasst es ca. 5 Min. antauen. Nun könnt Ihr es gut auf Dessert-Schälchen verteilen und mit der Vanillesahne dekorieren.

Wollt Ihr kratzen?
Für jeden Esser etwas Sahne in ein Schälchen füllen. Das Kratzeis in der Auflaufform in die Mitte des Tisches stellen. Jeder bekommt einen Löffel in die Hand und darf damit aus der großen Schüssel Eis abkratzen. Den Löffel mit dem Eis sofort in die Vanillesahne stippen und dann beides zusammen genießen – doppelt lecker! Jetzt bin ich aber mal wieder dran und darf kratzen!

Für Erwachsene

Das ist natürlich nicht nur etwas für kleine Süßmäuler. Für große Genießer das Kratzeis als Kirschsorbet servieren. Jeder bekommt eine eigene Portion. Dazu die tiefgefrorene Kirschmischung vor dem Servieren ca. 10 Min. antauen lassen. Mit einem Esslöffel jeweils etwas Sorbet von der Oberfläche kratzen und in Extra-Schälchen geben. Die Sahne als Klecks daneben setzen und beides mit Minzeblättchen garnieren.

Apfelfrisbee mit Beerenketchup

Dickster Apfelpfannkuchen der Welt

Sieht ja ein bisschen komisch aus, der braune Zucker. Aber Alex schwört, dass er trotzdem süß ist. Und sogar noch ein bisschen aromatisch dazu, etwa wie Karamell. Wahrscheinlich schmeckt das Beerenketchup deshalb so lecker.

1

4

8

10

13

Zutaten für 1 dicken Apfelfrisbee

1 1 EL brauner Zucker

2 5 EL Apfelsaft

3 1 Vanilleschote

4 150 g TK-Beerenmix

5 2 EL rote Konfitüre (z.B. Erdbeer)

Für den Pfannkuchen

6 50 g Butter

7 5 Eier (Größe M; es werden 5 Eigelbe und 2 Eiweiße gebraucht)

8 130 g Mehl

9 150 g Zucker

10 80 ml Milch

11 1 Msp. Backpulver

12 1 EL Mandelblättchen

13 1 Apfel

14 Puderzucker

Werkzeuge

16 ofenfeste, beschichtete Pfanne

Zubereitungszeit

1 Std.

Kühlzeit

2 Std. oder über Nacht

1 Zuerst das Beerenketchup zubereiten, am besten schon am Vortag, damit es gut durchkühlen kann. Für das Ketchup den braunen Zucker mit dem Apfelsaft in einen Topf geben. Die Vanilleschote längs aufritzen, mit dem Messerrücken das Vanillemark herauskratzen und dazugeben. Nun alles vorsichtig erhitzen und kochen lassen, bis Karamell entstanden ist und dicke Blasen wirft. Wenn der Karamell leicht bräunt, die gefrorenen Beeren sowie die Konfitüre unterrühren.

2 Nun alles zugedeckt bei mittlerer Hitze 4–5 Min. köcheln lassen, sodass die Beeren auftauen und aufkochen. Dann den Deckel abnehmen und die Beeren unter stetigem Rühren bei größerer Hitze 3–6 Min. einkochen lassen, bis sie komplett zerfallen sind und ein gleichmäßiges Püree entstanden ist. Vorsicht: Das Beerenketchup ist sehr heiß. Keine Kinder rühren lassen! Wer keine Kerne mag, gibt das Beerenketchup nun in ein Sieb und passiert es in ein Schälchen. Alle anderen füllen das Ketchup sofort in ein Schälchen. Das Beerenketchup auf Zimmertemperatur abkühlen lassen, dann im Kühlschrank in 2 Std. oder über Nacht kalt werden lassen.

3 Für den Pfannkuchen die Butter schmelzen und zum Abkühlen zur Seite stellen. Die Eier trennen. Für den Pfannkuchen werden nur 2 Eiweiße benötigt. Die übrigen Eiweiße anderweitig verwenden. Für den Teig das Mehl, alle Eigelbe, 140 g Zucker, Milch und 4 EL flüssige Butter zu einem cremigen Teig verrühren.

4 Die beiden Eiweiße sehr steif schlagen, dann restlichen Zucker unterschlagen. Eischnee mit dem Backpulver und den Mandeln vorsichtig mit einem Schneebesen unter den Teig heben. Inzwischen den Backofen auf 180° (Umluft nicht geeignet) vorheizen. Den Apfel waschen, trocken reiben und vierteln. Das Kerngehäuse entfernen und den Apfel in dünne Spalten schneiden.

5 Die Pfanne dünn mit der restlichen flüssigen Butter auspinseln und auf mittlerer Hitze erhitzen. Dann den Teig hineingießen und sofort die Apfelspalten gleichmäßig darauf verteilen, sodass sie leicht in den Teig einsinken. Den Apfelpfannkuchen in ca. 5 Min. auf dem Herd stocken lassen.

6 Anschließend die Pfanne auf den Rost in den heißen Backofen (Mitte) stellen. Pfannkuchen in 8–10 Min. fertig backen. Jetzt plustert sich der Pfannkuchen richtig auf. Um zu testen, ob der Pfannkuchen fertig ist, einfach wie beim Kuchenbacken mit einem Holzstäbchen in die Mitte stechen. Haftet beim Herausziehen noch roher Teig am Stäbchen, den Pfannkuchen noch 5 Min. im heißen Ofen lassen. Bleibt das Stäbchen sauber, ist der Pfannkuchen fertig. Nun den Pfannkuchen noch ca. 5 Min. bei Zimmertemperatur in der Pfanne abkühlen lassen. Wie's jetzt weitergeht, verrät der Genuss-Sheriff auf der rechten Seite.

Habt Ihr fleißig mitgeholfen? Wenn alles fertig ist, stellt den Apfelfrisbee mit der Pfanne auf den Tisch. Wer mag, streut noch Puderzucker darüber. Das Beerenketchup in einem Schälchen dazu servieren. Jetzt dürfen alle aus der Pfanne essen. Los geht's: mit dem Löffel rein in den Pfannkuchen und das Beerenketchup oben drauf! Guten Appetit!

Für Erwachsene

Als süßes Hauptgericht machen Apfelfrisbee und Beerenketchup 4 kleine Esser satt und glücklich. Sitzen aber Große mit am Tisch, könnte die Menge nicht reichen – denn den Apfelpfannkuchen isst wirklich jeder gern! Dann den Pfannkuchen besser als Dessert servieren.

Sackgesicht

Orangenpfannkuchen mit Vanillemilchschaum

1

3

4

7

6

Hier wird nur 1/2 Vanilleschote gebraucht. Ich weiß, was Ihr mit der andern Hälfte machen könnt. Schüttet Zucker in ein sauberes Marmeladenglas, legt die halbe Schote dazu. Bald habt Ihr Vanillezucker. Und der schmeckt richtig lecker über Joghurt!

8

14

Zutaten für 4 Sackgesichter

1 1 Orange
2 20 g Vollmilch-Kuvertüre (oder 2–3 Stücke von 1 Tafel Schokolade)

Für die Crêpes

3 60 g Mehl
4 2 Eier (Größe M)
5 1 EL Zucker
6 150 ml Milch
7 2–3 EL Butter

Für den Vanilleschaum

8 1/2 Vanilleschote
9 150 ml Milch
10 1/2 EL Zucker

Werkzeuge

11 langes scharfes Messer
12 kleiner Gefrierbeutel
13 Pürierstab oder Milchaufschäumer
14 Küchengarn

Zubereitungszeit

30 Min.

1 Die Orange filetieren. Dazu von der Orange mit einem langen scharfen Messer oben und unten eine Kappe abschneiden. Anschließend ringsherum in Streifen von oben nach unten großzügig die übrige Schale abschneiden, sodass die weiße Haut mit abgeschnitten wird. Über einer Schüssel nun aus den einzelnen Orangenabschnitten die Filets herausschneiden.

2 Die Kuvertüre in kleine Stücke schneiden, in die Ecke eines kleinen Gefrierbeutels geben. Beutel zusammendrehen und sehr gut verschließen. Einen Becher mit heißem, nicht kochendem Wasser füllen und den Beutel hinein hängen. Nach 4–5 Min. ist die Kuvertüre geschmolzen und sogar praktischerweise schon im Spritzbeutel.

3 Inzwischen für die Crêpes das Mehl mit den Eiern, dem Zucker und der Milch zu einem Teig verrühren. Eine beschichtete Pfanne auf mittlerer Hitze erhitzen. Nun 1 EL Butter darin schmelzen, aufschäumen lassen und etwas bräunen. Gebräunte Butter in eine Tasse geben und etwas abkühlen lassen, dann unter den Crêpesteig rühren.

4 In die schon erhitzte Pfanne erneut etwas Butter geben und schmelzen. Ein Viertel des Teigs ganz dünn in der Pfanne ausgießen. Teig goldgelb backen, dann wenden und auf der anderen Seite ebenfalls goldgelb backen. Achtung: Der Crêpe sollte wirklich schön dünn sein, bei kleiner Hitze langsam gebacken werden und nicht zuviel Farbe bekommen! Anschließend den Crêpe aus der Pfanne nehmen und auf einen Teller legen. Die drei anderen Crêpes ebenso zubereiten.

5 Den Backofen auf 100° (Umluft 80°) vorheizen. Nun in die Mitte jedes Crêpes einige Orangenfilets geben. Die Ränder der Crêpes vorsichtig über den Filets zusammendrücken, sodass ein Säckchen entsteht. Säckchen mit etwas Küchengarn zubinden. Nicht zu fest binden, damit der Crêpe nicht einreißt. Die Crêpesäckchen im Backofen warmstellen.

6 Für den Milchschaum die Vanilleschote längs aufritzen und mit dem Messerrücken das Vanillemark herauskratzen. Vanilleschote und -mark in die Milch geben und einmal aufkochen lassen, dann die Schote entfernen und die Milch mit dem Zucker leicht süßen. Wie jetzt die Crêpessäckchen ein Gesicht bekommen, verrät der Genuss-Sheriff auf der rechten Seite.

Hallo! Löffelt als erstes auf jeden Crêpe ein paar Orangenfilets.

Nun die Pfannkuchen-Ränder über den Orangenfilets vorsichtig zusammennehmen.

Jedes Säckchen mit Küchengarn verschließen. Könnt Ihr schon Schleife binden?

Die Milch wird mit dem Pürierstab schaumig aufgemixt.

Nun dürft Ihr mit Schokolade Gesichter malen! Wie das geht? Knetet die geschmolzene Kuvertüre im Gefrierbeutel durch und schneidet dann eine kleine Ecke von dem Beutel ab. Damit könnt Ihr jetzt Augen und Mund aufspritzen. Während die Schokolade trocknet, Vanillemilch mit dem Pürierstab schaumig mixen – wie das Eure Mama für tollen Cappuccinoschaum macht. Den Schaum in tiefe Teller geben. Die Sackgesichter hinein setzen. Und nun alles fröhlich genießen!

Für Erwachsene

... werden die Sackgesichter zu einem feinen Dessert. Crêpes wie beschrieben backen. Anschließend zu Vierteln zusammenklappen und im Backofen warm stellen. In einer beschichteten Pfanne 2 EL Zucker mit 180 ml Orangensaft und 4–8 EL Orangenlikör erhitzen. In 3–5 Min. zu einem Sirup einköcheln lassen. Sirup über die Crêpes träufeln und damit marinieren, mit Vanillemilchschaum oder je 1 Kugel Vanilleeis servieren.

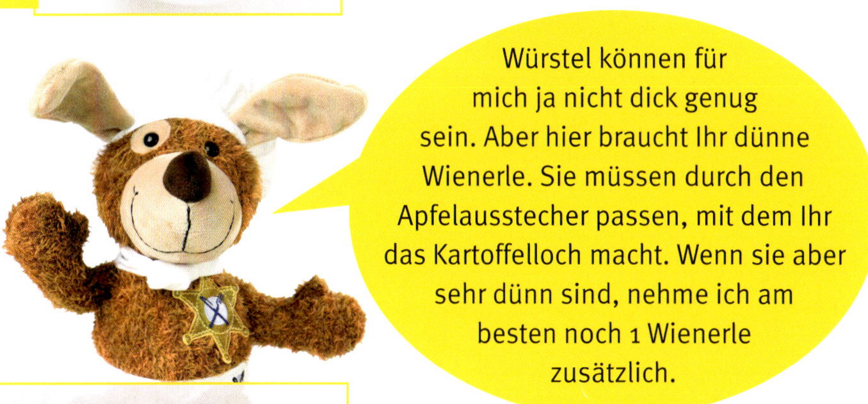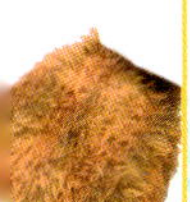# Flotte Schnecken

Schinkencrêpes im Tomatensud

1

2

3

Die Schinkenscheiben für die flotten Schnecken sollen schön dünn geschnitten sein, sagt der Alex. Und ich sage Euch: Sie müssen unbedingt schön groß und pfannkuchenrund sein, damit sie die Crêpes auch ganz bedecken.

6

8

7

13

14

Zutaten für ca. 20 flotte Schnecken

Für die Crêpes

1 80 g Mehl
2 1 Ei (Größe M)
3 200 ml Milch
4 1 Prise Salz
5 1/2 EL weiche Butter
6 4 dünne, runde Scheiben gekochter Schinken
7 ca. 200 g Cocktailtomaten
8 1/4 Bund Schnittlauch

Für den Tomatenfond

9 3 Strauchtomaten
10 1 Zweig Thymian
11 100 ml Gemüsebrühe
12 Salz

Werkzeuge

13 Pürierstab
14 Sieb
15 Mulltuch oder dünnes Geschirrtuch
16 Zahnstocher oder Holzstäbchen

Zubereitungszeit

35 Min.

1 Für die Crêpes das Mehl mit dem Ei, der Milch sowie 1 Prise Salz zu einem Teig verrühren.

2 Den Backofen auf 100° (Umluft 80°) vorheizen. Eine beschichtete Pfanne mit etwas Butter ausstreichen und bei mittlerer Hitze erhitzen. Für 1 Crêpe ein Viertel der Teigmenge in die Pfanne geben und in 1–2 Min. goldgelb backen, dann wenden und auf der anderen Seite ebenfalls backen. Die anderen Crêpes ebenso zubereiten.

3 Auf jeden Crêpe 1 Scheibe Schinken legen. Die Crêpes aufrollen und im vorgeheizten Backofen warm stellen. Die Cocktailtomaten waschen und halbieren. Sehr kleine Tomaten ganz lassen. Schnittlauch waschen, trocken schütteln und in 5 cm lange Stücke schneiden.

4 Für den Tomatenfond die Strauchtomaten waschen, in grobe Würfel schneiden und dabei den Stielansatz entfernen. Den Thymian waschen, trocken schütteln und die Blättchen abzupfen. Tomatenwürfel, Thymianblättchen und Gemüsebrühe in einem hohen Becher mit dem Pürierstab grob pürieren.

5 Ein Sieb mit einem Tuch auslegen und über einen Topf hängen. Das Tomatenpüree in einen zweiten Topf umfüllen. Bei mittlerer Hitze aufkochen und noch 1 Min. köcheln lassen, dann den Topf sofort vom Herd ziehen. Achtung: Das Tomatenpüree darf wirklich nur kurz köcheln! Sonst werden die Tomaten zu weich und der Fond bleibt nicht klar. Den Fond durch das Sieb mit dem Tuch passieren. So gelangt nur der klare, aromatische Fond in den Topf. Den entstandenen Tomatenfond mit 1 Prise Salz abschmecken. Wie's jetzt weitergeht, sagen Alexander Herrmann und der Genuss-Sheriff auf der rechten Seite.

Für die Sauce die Thymianblättchen abstreifen und die Strauchtomaten grob würfeln.

Tomaten und Thymian in ein hohes Gefäß geben. Die Gemüsebrühe dazugießen.

Alles mit einem Pürierstab ganz fein zerkleinern.

Für klaren Tomatenfond das aufgekochte Tomatenpüree durch ein Sieb mit einem Tuch passieren.

Für Erwachsene

... schmeckt's kräuterwürzig noch besser: Für eine kleine Vorspeise in den fertigen Tomatenfond zusätzlich 1 geschälte und leicht angedrückte Knoblauchzehe sowie 1–2 Stängel Basilikum geben. Alles einmal aufkochen und dann kurz ziehen lassen. Die gebackenen Crêpes in feine Streifen schneiden und ebenso den Schinken. Die Cocktailtomaten waschen und vierteln. Die Schinkenstreifen in einer Pfanne bei mittlerer Hitze in etwas Butter kurz anschwenken. So werden sie ein wenig erhitzt. Schinken- und Crêpesstreifen dann in einen tiefen Teller geben, den Tomatenfond angießen und alles mit den Cocktailtomaten garnieren.

Register

Hier stehen alle Rezeptnamen in alphabetischer Reihenfolge. Zusätzlich finden Sie die einzelnen Rezepte auch unter ihren jeweiligen **typischen Zutaten**, z. B. den Wurm Nimmersatt auch unter Wiener Würstchen, Kartoffeln und Gurken.

Impressum

DANKE AN sigikid

Sigikid hat die Idee des Genuss-Sheriffs von Alexander Herrmann zum Leben erweckt und perfekt umgesetzt. Vielen Dank, dass der Genuss-Sheriff für die Fotoaufnahmen zur Verfügung stand. Der Genuss-Sheriff ist im gut sortierten Spielzeughandel erhältlich.

Das Fotostudio

FOODPHOTOGRAPHY EISING München ist eines der führenden Fotostudios für Lebensmittelfotografie mit internationalen Kunden aus Werbung und Design. Die Rezept- und Zutatenfotos in diesem Buch wurden von Martina Görlach gemacht. Das Foodstyling gestaltete Monika Schuster und Ulla Krause stellte die Requisite zusammen.

Der People-Fotograf

Seit 2000 arbeitet Derek Henthorn als freiberuflicher Fotograf. Zu seinen Auftraggebern gehören nationale und internationale Firmen und Konzerne. People-Fotografie begreift Derek Henthorn als die besondere Herausforderung, den einzigartigen Moment einzufangen.

Bildnachweis

Alle Rezept- und Zutatenfotos: FOODPHOTOGRAPHY EISING, München
Titelbild, Peoplebilder und Freisteller Genuss-Sheriff: Derek Henthorn, München

Programmleitung: Doris Birk

Leitende Redakteurin: Stephanie Wenzel

Redaktion: Stefanie Poziombka

Texte und Lektorat: Susanne Bodensteiner

Korrektorat: Susanne Elbert

Layout, Typographie und Umschlaggestaltung: Franziska Misselwitz für independent Medien-Design, München

Herstellung: Petra Roth

Satz und Layout: Lydia Geißler

Reproduktion: Longo AG, Bozen

Druck: Firmengruppe APPL, aprinta druck, Wemding

Bindung: Conzella, Pfarrkirchen

ISBN 978-3-8338-1394-8

1. Auflage 2008

DAS ORIGINAL GU MIT GARANTIE

Unsere Garantie

Alle Informationen in diesem Ratgeber sind sorgfältig und gewissenhaft geprüft. Sollte dennoch einmal ein Fehler enthalten sein, schicken Sie uns das Buch mit dem entsprechenden Hinweis an unseren Leserservice zurück. Wir tauschen Ihnen den GU-Ratgeber gegen einen anderen zum gleichen oder ähnlichen Thema um.

Liebe Leserin und lieber Leser,

wir freuen uns, dass Sie sich für ein GU-Buch entschieden haben. Mit Ihrem Kauf setzen Sie auf die Qualität, Kompetenz und Aktualität unserer Ratgeber. Dafür sagen wir Danke! Wir wollen als führender Ratgeberverlag noch besser werden. Daher ist uns Ihre Meinung wichtig. Bitte senden Sie uns Ihre Anregungen, Ihre Kritik oder Ihr Lob zu unseren Büchern. Haben Sie Fragen oder benötigen Sie weiteren Rat zum Thema? Wir freuen uns auf Ihre Nachricht!

Wir sind für Sie da!
Montag-Donnerstag: 8.00-18.00 Uhr;
Freitag: 8.00-16.00 Uhr
Tel.: 0180-5005054*
Fax: 0180-5012054*
E-Mail:
leserservice@graefe-und-unzer.de

*(0,14/Min. aus dem dt. Festnetz/ Mobilfunkpreise können abweichen.)

P.S.: Wollen Sie noch mehr Aktuelles von GU wissen, dann abonnieren Sie doch unseren kostenlosen GU-Online-Newsletter und/oder unsere kostenlosen Kundenmagazine.

GRÄFE UND UNZER VERLAG
Leserservice
Postfach 86 03 13
81630 München

GRÄFE UND UNZER

Ein Unternehmen der
GANSKE VERLAGSGRUPPE